LES CINQ PLAIES
DU ROYAUME

DU MÊME AUTEUR

La Saignée, Belfond, 1970.
Comme des rats, Grasset, 1980 et 2002.
Fric-Frac, Grasset, 1984.
La Mort d'un ministre, Grasset, 1985.
Comment se tuer sans en avoir l'air, La Table Ronde, 1987.
Virginie Q., parodie de Marguerite Duras, Balland, 1988 (Prix de l'Insolent).
Bernard Pivot reçoit…, Balland, 1989 ; Grasset, 2001.
Ubu président ou l'Imposteur, Bourin, 1990.
Les Mirobolantes Aventures de Fregoli, Bourin, 1991.
Mururoa mon amour, parodie de Marguerite Duras, Lattès, 1996.
Le Gros Secret, Calmann-Lévy, 1996.
La Bataille, Grasset, 1997 (Grand Prix du roman de l'Académie française, Prix Goncourt et Literary Award 2000 de la Napoleonic Society of America).
Il neigeait, Grasset, 2000 (Prix Ciné roman-Carte Noire).
L'Absent, Grasset, 2003.
L'Idiot du village, Grasset, 2005 (Prix Rabelais).
Le Chat botté, Grasset, 2006.
La Grammaire en s'amusant, Grasset, 2007.
Chronique du règne de Nicolas Ier, Grasset, 2008.
Deuxième Chronique du règne de Nicolas Ier, Grasset, 2009.
Troisième Chronique du règne de Nicolas Ier, Grasset, 2010.
Quatrième Chronique du règne de Nicolas Ier, Grasset, 2011.
Cinquième Chronique du règne de Nicolas Ier, Grasset, 2012.
Tombeau de Nicolas Ier et avènement de François IV, Grasset, 2013.
Le Maître, Grasset, 2015 (Prix Palatine, Prix Montblanc de la ville de Genève).
François le Petit, Grasset, 2016.
Le roman du Canard, dans l'album Le Canard enchaîné, 100 ans, Le Seuil, 2016.
Chronique d'une fin de règne, Grasset, 2017.
Quand Dieu apprenait le dessin, Grasset, 2018.
Les Aventures de Mai, Grasset, 2018.
Emmanuel le Magnifique, Grasset, 2019.

(suite en fin d'ouvrage)

PATRICK RAMBAUD
de l'académie Goncourt

LES CINQ PLAIES DU ROYAUME

Deuxième chronique du règne d'Emmanuel Ier

BERNARD GRASSET
PARIS

Illustration de la bande :
Photomontage d'après
Incident sur un champ de bataille. Edmond Jean-Baptiste Tschaggeny,
© The National Gallery, Londres, Dist. RMN Grand Palais /
National Gallery Photographic Department
Manifestation de gilets jaunes. © Boivin/ABC/Andia.fr
Emmanuel Macron. © Lionel Guericolas / Marlyse Press Photo /
Bureau2333

978-2-246-82056-7

À Tieu Hong, éternellement,

À Quintus Horatius Flaccus dit Horace,
qui, il y a vingt et un siècles, résuma sa philosophie
en deux mots : Carpe diem ! *profitez du temps qui passe,*

À Eric Burdon des Animals, qui vieillit bien.

« Le pouvoir gouverne toujours comme les gouvernés gouverneraient s'ils avaient le pouvoir. »

Jean GIONO,
introduction aux *Œuvres complètes* de Machiavel

Requiem pour notre ignoble et cher vieux monde

ou Comment Sa Majesté nous entraîna en souriant vers les abattoirs du Nouveau Monde camouflés en galeries marchandes

Vous pensez, Sire, à prévenir par tout ce que l'humanité peut enfanter de plus moderne les malheurs que forment presque toujours ces temps de faiblesse, si favorables aux ambitieux, aux séditieux et aux ennemis du dehors et du dedans. Cette joyeuse sagesse vous fut prodiguée dès l'enfance par des gens très avancés en âge dont vous chérissiez la compagnie, puisqu'ils vous considéraient à égalité, et qui à leur insu devinrent vos maîtres ; ils vous ont armé des vertus de leur lointaine époque. Vous les écoutiez et leur répondiez souvent, mais ils vous bénissaient pour votre vivacité et vos étonnements cachés, et puis ils n'étaient point en concurrence car ils arrivaient déjà au terme de leur course. Ils vous enseignaient malgré votre jeune impatience, et vous ouvraient le chemin vers ce Nouveau Monde dont vous rêviez. Ils vous soutenaient, ils vous aidaient, ils vous portaient et vous indiquaient d'où soufflait le vent, et vous entrevoyiez un monde facile, trop facile sans doute, qui ne vous habituait guère aux déconvenues : vous filiez droit devant et sans obstacles.

Moi aussi, Majesté, les vieux m'attiraient mais j'en fis un autre usage que vous. Mes vieux, contrairement aux vôtres, avaient de la malice, voire de la méchanceté, et ils ne flattèrent jamais mes illusions ; ils réussirent même à les détruire. Je sortis donc de la jeunesse dépourvu de croyances.

Laissez-moi vous raconter comment ces bougres s'y prenaient, Sire, parce que ma pratique des vieux fut à l'exacte inverse de la vôtre. À partir de ce point nous divergeons. Vous avez préféré la route large et droite quand j'ai toujours emprunté les chemins forestiers les plus tordus.

J'allais encore au lycée. Mon meilleur ami était le petit-fils de Francis Picabia, peintre d'abord impressionniste puis mécanique avant sa période d'outrances dadaïstes ; il avait écrit *Jésus-Christ rastaquouère* qui déplut aux constipés et fit sa devise d'un mot d'André Suarès : « N'être pas dupe : principe sacré pour l'esprit. » Longtemps après sa disparition, sa famille foutraque appliquait le précepte. Le hasard m'amena à les connaître de très près. Ils vivaient en tribu à côté de chez moi. Je n'avais qu'à traverser la rue Washington où j'habitais, je passais sous un porche, grimpais une vingtaine de marches et me retrouvais dans un passage bordé d'arbres que flanquaient de part et d'autre des ateliers à deux étages. Les Picabia vivaient dans la dernière maisonnette à gauche, avec des hautes fenêtres qui donnaient sur la rue Lord-Byron. À dire vrai, ils campaient en famille ; chacun se limitait un espace à peu près privé avec des meubles, des coussins, des tentures retenues par des pinces à linge, des objets, un chevalet, un piano droit. C'est dans ce capharnaüm que je connus Gabriële, la grand-mère, qui avait épousé Picabia en 1909 et de laquelle j'attendais un récit coloré de la Belle Époque, quand des policiers en maraude arrêtèrent Picabia et Marcel Duchamp parce qu'ils correspondaient au signalement de Bonnot et de Raymond la Science, les fameux bandits en automobile de la célébrissime bande à Bonnot.

Gabriële devint ma complice. Elle mourut des années plus tard à cent trois ans, mais, déjà, elle ressemblait à la momie de Rascar Capac ; je l'imaginais se redresser, sortir de la couverture écossaise dont elle s'emmitouflait pour lancer ses boules de cristal comme dans les aventures de M. Tintin. Elle savait mon addiction grave au surréalisme qu'elle avait vu éclore et s'échinait à m'en guérir. Ses yeux brillaient et d'une voix pointue elle me susurrait comme un secret à propos d'André Breton que je prenais pour un mage :

– Vous savez, André n'était pas très intelligent.

De sa part, rien ne me choquait. Elle avait connu jeunes tous mes héros et son jugement était sûr. Je relisais différemment les surréalistes. Je changeais franchement d'avis devant ces mots du second manifeste de 1930 : « L'acte surréaliste le plus simple consiste, revolvers aux poings, à descendre dans la rue et à tirer au hasard, tant qu'on peut, dans la foule. » Malgré une page de notes pour se défendre par avance de ses détracteurs, posant d'emblée en martyr, Breton me sembla soudain aussi dangereux que navrant. Une autre fois, Gabriële me demanda :

– Vous avez étudié *Opium* en classe ?

– L'*Opium* d'Apollinaire ? Oh oui…

– Eh bien regardez le divan sur lequel vous êtes assis. Guillaume était là, à votre place, quand il a tiré sur la pipe à opium. Notez qu'il n'en a fumé qu'une seule fois, et il a été malade, mais malade, toute la nuit ! Il a longuement dégueulé sur ce petit divan bleu, que j'ai dû faire retapisser.

J'eus droit un autre jour à la mésaventure de Tristan Tzara, lequel perdit son monocle en pataugeant dans la Méditerranée. Tous les enfants furent requis pour chercher le monocle, à quatre pattes au bord de l'eau : avec les faux-cols amidonnés, ce fameux monocle constituait l'essentiel de la silhouette du poète, l'inventeur du mot Dada au cœur de la Grande Guerre, dans un café de Zurich.

Parfois, Marcel Duchamp venait dîner. C'était le grand ami de Francis Picabia et le petit ami de Gabriële. Il en était presque à la fin de sa vie quand je l'ai rencontré, distant, d'une apparence glaciale. Il semblait déjà mort. Je le situai dès la première fois entre le lord anglais et l'élégant vampire aux joues creuses et au sourire vorace. Il s'ennuyait dans la vie et ne cherchait plus que des instants de distraction.

« Qu'y a-t-il d'intéressant au cinéma, en ce moment, à Paris ? » me demandait-il. Je lui parlais du dernier film de Buñuel, l'un de ses anciens familiers. « Ah bon… » disait-il avec une certaine lassitude. Puis il me posait des questions amusées :

– Alors, Gabriële m'a confié que vous faites les mêmes bêtises que nous, autrefois.

– Pardon ?

– Je veux dire, quand nous collions des punaises sur la semelle d'un fer à repasser pour exposer cet objet inepte sous les yeux des snobinards en extase.

– Euh oui, un peu…

J'avais osé lui offrir un collage, quel culot ! Il représentait un perroquet rouge et bleu qui s'appelait Marcel Duchamp. Il rit et m'annonça :

– Eh bien je vais le signer et il va se faire connaître, votre collage !

Marcel revivait les âneries de sa jeunesse. Je crois n'avoir jamais connu un homme aussi désabusé. Il avait initié toutes les polissonneries de l'art moderne et certains le vénéraient comme un messie. Il s'en moquait. Une fin d'après-midi, comme il devait recevoir un journaliste canadien qui voulait l'interroger sur son œuvre, ce qui le faisait ricaner, je voulus prendre congé mais il m'arrêta d'un geste :

– Non non, restez. Vous allez voir comment j'opère.

Alors il m'expliqua son habituel stratagème :

– D'abord j'interdis le magnétophone, comme ça pas de voix, c'est-à-dire pas de preuve, et puis je vais lui dire n'importe quoi, à ce type, qu'il va religieusement retranscrire. Quand son texte sera publié je vais aussitôt protester : « Quoi ? Mais je n'ai jamais dit une telle stupidité ! Faussaire ! Vous voulez me faire passer pour un demeuré ? » Alors je lancerai aussitôt un procès contre le plumitif. Et je le gagnerai. Parole contre parole il ne pourra que perdre. Hi hi hi ! Vous ne pouvez pas savoir combien cela me réjouit ! Mon dernier amusement, en somme, les procès…

Marcel vivait à ce moment entre New York et Paris. J'étais allé le voir dans son appartement de Neuilly, au quatrième étage, avec un balcon tournant d'où l'on dominait la cour de récréation du collège Sainte-Croix. Dans un long couloir, il avait suspendu huit urinoirs en faïence garnis de fougères en plastique.

– C'est moche, pas vrai ? me dit Marcel.

– Sans doute, oui…

– Vous savez que je n'ai pas besoin d'argent mais j'aime encore jouer.

– Oui…

– Si je gribouille mon nom sur ces horreurs, je vais les vendre hors de prix à des imbéciles qui y verront une œuvre d'art ! Nous sommes descendus bien bas, mon jeune ami. N'essayez pas de m'imiter. Vous ne seriez pas le premier, alors, à quoi bon ? Et puis, autant le préciser, poser une roue de vélo dans un musée, c'est parfaitement crétin. Hé ! hé ! Il y en a pour me prendre au sérieux, mais pas moi. Ne vous prenez surtout pas au sérieux ! Quel ennui !

Des années plus tard, je retournais de temps à autre visiter Gabriële. Elle vivait maintenant seule dans l'atelier. La clef était toujours sur la porte d'entrée et je lui fis remarquer :

– Vous croyez que j'ai peur ? Mais de quoi ? Mon voisin est commissaire de police, et charmant… Mais vous vouliez que je vous parle de Man Ray ?

– Je suis allé le voir hier…

J'étais allé interroger ce grand photographe des Années folles dans son espèce de hangar, sous une verrière en rez-de-chaussée près de l'église Saint-Sulpice. J'avais espéré récolter des souvenirs d'une époque bohème, chez celui qui avait immortalisé dans les manuels d'histoire le dos nu de Kiki de Montparnasse. Je m'étais trouvé assis devant un vieux monsieur rigolard qui portait d'énormes lunettes rouges et rondes dont il actionnait sans cesse les essuie-glaces en gloussant.

– Et il ne vous a rien raconté, bien sûr, s'amusait Gabriële.

– Bien sûr. Avec ses essuie-glaces il avait l'air un peu gâteux.

– Man a toujours été gâteux un jour sur deux, même quand il était jeune.

Elle ajouta :

– Quand vous reviendrez, passez plutôt tard le soir ; l'après-midi, je somnole, c'est mon lot de centenaire. Vous comprenez, j'ai tout lu et la télévision m'embête.

– Qu'appelez-vous tard le soir ?

– Au moins vers dix heures, avec une bonne bouteille !

Hier encore j'avais vingt ans. Dès les beaux jours, à ma fenêtre, je regardais les hirondelles qui voltigeaient en escadrilles au-dessus des toits de Paris et se posaient sur le rebord des gouttières ou des fenêtres. Il n'y a plus d'hirondelles. Elles ont disparu et les Parisiens de Paris aussi. Nous sommes les derniers dans ce nouveau Luna Park qu'est devenue la ville, comme les véritables Vénitiens ou les Barcelonais, chassés de leurs maisons pour que les touristes s'emparent des rues qui autrefois vivaient. J'ai bien connu le temps où chaque quartier se constituait en village, on y trouvait des commerces, des cinémas, des jardins, et dans chaque immeuble cohabitaient des riches et des pauvres. Je n'évoque pas des souvenirs fugaces avec trop de nostalgie, mais avec regret. Bien sûr, comme toujours, on entendait gronder des menaces de guerre mondiale mais s'en souciait-on vraiment ?

Ce n'est pas le passé qui m'écrase, Sire, mais l'avenir. Dans les années soixante on allait mieux à son pas. Nulle précipitation, nul goût malveillant de l'immédiat quoique nos malheurs présents fussent en germe dans la soudaine profusion d'objets inutiles qu'on trouvait alors à la mode. Cependant, les petits pois venaient en juin en même temps que les cerises ; et nous allions applaudir Jacques Brel à l'Olympia ; au rond-point des Champs-Élysées il y avait encore des fiacres et Neuilly ressemblait à Orléans, au-delà du terrain vague de la porte Maillot où subsistait la palissade du ratodrome d'avant guerre.

Regardez alentour, Sire. Sur qui régnez-vous ? Sur les pantins mécaniques du Nouveau Monde que vous adulez et que vous avez entrepris de nous imposer. Regardez, mais regardez *vraiment* : le monde change selon une loi, et nous devons assimiler l'impermanence des choses, mais il s'enlaidit. Les humains sont égarés, hors d'eux-mêmes, leur mémoire s'atrophie. Dans les années cinquante et soixante, chaque jeudi, nous allions acheter nos illustrés chez le marchand de bois et charbon, lesquels prolongeaient nos cours d'histoire et de latin. Dans *Spirou*, « les belles histoires de l'oncle Paul » nous apprenaient, à nous les gosses, d'où nous venions. C'était enregistré, c'était gravé, et seule la maladie d'Alzheimer pourra effacer de mon cerveau le nom des sept collines de Rome. Aujourd'hui les gens ne lisent plus, sinon de navrantes bleuettes. Mon marchand de journaux a besoin de sa calculette pour additionner les prix de deux quotidiens. Mes contemporains ignorent d'où ils viennent, entrevoient mal où ils vont et ne savent pas du tout où ils sont.

Contrairement à ce qu'on leur rabâche, les robots ne les aident pas à vivre mais eux, ils se robotisent à grande vitesse. Cela les détraque. Vous le savez, Sire. Le 13 février 2018, au Grand Palais, vous l'avez même souligné dans un discours, ce climat malencontreux : « Je ne suis pas l'enfant naturel de temps calmes de la vie politique, je suis le fruit d'une forme de brutalité de l'Histoire… » Eh oui, vos sujets sont éparpillés et violents comme leurs nouveaux outils, le produit d'une technologie envahissante et obligatoire qui va nous suicider. Écoutez comment on parle des hommes. On ne dit plus : « Maurice Dupont a changé d'avis » mais : « Il a changé de logiciel. » On applique aux humains le vocabulaire des machines.

Comment discuter avec une machine ? *Discuter*, mais vous êtes d'un autre âge ! Il faut s'habituer à parler dans le vent sans jamais plus obtenir une réponse ni même, par accident, un sourire. Le téléphone moderne n'est qu'une nouvelle pathologie qui permet de se fermer. Le réel a disparu au profit de ses représentations. Panurge est déifié. Tiens ! suivons Kewyn Durand, la trentaine aux cheveux ras, tatoué laidement dans le cou. Comme 91 % des jeunes de sa génération il a le nez collé sur son écran mobile où il déchiffre sans cesse de cruelles âneries. Il va au restaurant où il entraîne des amis. Avec son portable il va photographier les plats qu'ils vont manger avant même de les avoir entamés. Ils sont peut-être insipides, ces plats, mais qu'importe : Kewyn a déjà perdu le goût et seule l'image compte.

Suivons maintenant Enzo Dubois. Il traverse la rue en regardant fixement son portable. Ainsi hypnotisé, il ne voit pas le camion qui le renverse. Il meurt sur le coup la première fois qu'il a rencontré le réel. L'année précédente il y a eu quatre cent soixante-quinze tués et mille blessés pour la même raison, parce que la fiction se confond à la réalité.

Il y a bien longtemps, le baron von Kempelen promenait en Europe un merveilleux automate qui défiait aux échecs n'importe quel joueur. Il l'emportait toujours, jusqu'au moment où un finaud découvrit la supercherie : un véritable champion, un nain, se dissimulait dans l'appareil et jouait à la place de la machine. En fait, les machines ne comprennent pas ce qu'elles font. Leur programmation est humaine et reste limitée. Cela suppose des préjugés. Vous qui entrez, par force, dans l'univers des robots, perdez tout esprit de finesse. On m'expliqua hier que la machine pouvait vaincre n'importe quel joueur de go. Était-ce seulement vrai ? J'avais des preuves, les noms des hommes que la machine avait écrasés. Lisons le mode d'emploi de ce jeu ancestral. Il précise que la partie s'arrête lorsque les deux joueurs décident, d'un commun accord, qu'il n'y a plus de coups intéressants à jouer. Voilà qui définit l'esprit hautement civilisé du jeu de go. Nous sommes loin, voire étrangers à la compétition, cette règle de notre époque dans tous les domaines ; cette source de mille violences quotidiennes. Heureusement, les algorithmes commettent des bourdes. Une équipe de Toronto avait rajouté un éléphant dans une image : la machine l'a pris pour une chaise. À Ninghu, en Chine, la photo d'une femme d'affaires qui figurait dans une publicité sur le flanc d'un autobus a été considérée comme réelle : elle n'aurait pas traversé sur le passage piéton. Ailleurs, un grille-pain a été pris pour un char d'assaut ou des parlementaires américains pour des criminels.

Martin est fier de sa maison connectée. Il en montre les avantages :

– Ça me simplifie la vie, mon p'tit vieux ! Et puis au moins, je vis avec mon temps !

Il me montre un vilain robot qui sert d'aspirateur intelligent pour traquer les poussières, laver les vitres et tondre le gazon. Il se fait livrer à domicile des pizzas molles par une sorte de coffre à roulettes. Il parle à voix basse à son enceinte connectée, laquelle va aussitôt exécuter ses ordres :

– Range la tondeuse…

Martin me regarde et triomphe :

– Tu vois, je me débarrasse des corvées de la vie domestique.

Dehors, la tondeuse qui nous cassait les oreilles vient de s'arrêter net : elle tourne et roule vers le garage, qui se referme sur elle. Martin jubile :

– C'est pareil pour tout.

– Tu ne fais sans doute plus de cuisine.

– Plus la peine ! Je donne le nom du plat et le micro-ondes lance tout de suite la cuisson la mieux adaptée. En plus, ma tablette de cuisine peut me suggérer des recettes personnalisées.

– Personnalisées, n'exagérons pas.

– Je n'exagère pas, se défend Martin. Mon four va se programmer en fonction de la recette choisie, et même transmettre des instructions au lave-vaisselle. Plus rien à faire, je te dis ! Un mot suffit.

– Ton robot fait les courses ?

– Mais oui ! Je veux des tomates, et hop ! on me livre des tomates.

– Qui ont un fort goût de carton.

– Tu dénigres le progrès ! dit un Martin fâché.

– Je suppose simplement que tu te moques bien de la qualité. Moi, mes tomates, je les cherche en juillet au marché, je les compare, je les regarde, je demande leur provenance, bref, je choisis.

– Et moi, je reste assis ! Un mot suffit.

– Mon pauvre ! Tu as l'air con au milieu de tes machines obéissantes. Tu oublies que tes merveilleux appareils t'espionnent.

– Paranoïaque !

– Simplement réaliste.

– Et comment ça ?

– Tu ne t'en aperçois pas puisque c'est avec ton consentement. Et voilà la dernière version du discours de La Boétie sur la servitude volontaire. Tu peux interroger ton appareil à musique sur la météo ou sur les dernières informations, il allume la lumière, règle ton thermostat ou ta télé, active tes alarmes, baisse les stores, bref, il sait à quelle heure tu rentres chez toi, ouvre le portail automatique, tempère le chauffage. Quand tu as du retard, il le constate ; il écoute ton smartphone, connaît tes habitudes, épie tes comportements et tes mœurs. Tu crois que les fabricants de ces jouets sont innocents ? Tu as intégré leur marché. Ils se servent de toi comme ils veulent. Prends garde à ta cafetière : elle risque de te dénoncer.

Je voulais expliquer à ce malheureux Martin que le terrorisme informatique, plus insidieux, mieux consenti, est aussi dangereux que le terrorisme des crétins islamiques, plus visible, mieux spectaculaire. Ajoutez-y le terrorisme des minorités, qui nous submerge, vous êtes converti à l'état de légumes. Nous vivons dans une société de dénonciation généralisée, de l'intimité annihilée et du mensonge omnipotent. Voici l'amorce du Nouveau Monde que vous nous promettez, Sire, à condition d'être sages. À qui se fier ? À quoi ? À rien. Vous me montrez des images, soit. La plupart sont falsifiées. Elles ne sont plus des preuves de nos turpitudes. Vous pouvez faire dire n'importe quoi à n'importe quel visage. Quelques clics vous suffisent. Une start-up comme Lyrebird imite les voix à la perfection. Une autre vous aidera à espionner vos proches.

La violence physique prolonge les violences numériques.

Les agressions sans motif se multiplient. Un adolescent de quinze ans voulait commettre un meurtre pour, dit-il, savoir ce que cela faisait. C'était en avril dernier, dans le Nord, à Beauvois-en-Cambrésis. Le garçon avait décidé de commettre un crime gratuit, comme dans un roman d'André Gide, ce qu'il ignorait, et il se promenait en cherchant au hasard une victime isolée. Ginette Alvarez, une mère de famille de cinquante-sept ans, croisa hélas son chemin. Le jeune homme la poignarda avec un couteau de cuisine.

Notre époque, qui possède un sens moral très faiblard, se rattrape en déversant à l'infini des flots de moraline, sur le moindre de nos actes. Dans *Fahrenheit 451*, Bradbury avait prévu dès les années cinquante qu'il était interdit de déplaire aux mille tribus qui composent nos sociétés. Depuis longtemps, des Noirs se sentent insultés par le *Tintin au Congo* de M. Hergé. Dans la première édition de 1930, en noir et blanc, avant la version colorisée et légèrement édulcorée de 1946, qui chantait la suprématie des colons belges en Afrique, Tintin expliquait à des enfants congolais instruits par des missionnaires en barbe blanche : « Je vais vous parler aujourd'hui de votre patrie : la Belgique… » Le passé se conjugue au présent et on regarde toujours nos ancêtres comme des contemporains. L'album d'Hergé a été attaqué devant des tribunaux pour racisme, interdit dans des bibliothèques. Pourtant, au marché de Brazzaville, on trouve des statuettes en bois qui figurent Tintin et le capitaine Haddock, ou même, en affiche, la couverture de *Tintin au Congo*, dont les Congolais sont fiers ; un écrivain public, pour quelques francs CFA, écrira votre prénom à la place de Tintin. Voyez, Sire, comme le Nouveau Monde croise l'Ancien. Ce qui vous a valu des ennuis, c'est que vous êtes entré au Nouveau Monde avec les réflexes de l'Ancien. Ce que nous allons voir maintenant…

ATTENTION !

Ce livre contient des scènes d'un réalisme cru. Nous déconseillons sa lecture aux personnes sensibles et aux plus jeunes.

Chapitre Premier

Les dieux du stade. – Dernière exubérance de Notre Prince. – Féroces révélations d'une gazette du soir. – Retour au 1er mai. – Naissance d'une affaire empoisonnée. – Les aventures de Monsieur Alexandre. – Son enfance, ses rêves et ses audaces. – Réactions excessives en chaîne. – Le Prince tient ferme dans la bourrasque.

Le sport a toujours alimenté la politique. Une victoire dans un stade se confond à une victoire de la nation qu'elle entraîne. Voici pourquoi tous les dirigeants potassent le sujet et se montrent soucieux de résultats positifs, lesquels se reporteront sur leurs actions. Le roi Henri IV aimait se montrer en public au Jeu de paume, où ses adversaires le laissaient gagner, Nicolas Ier paradait sur son vélo de course et grimpait en danseuse les routes du cap Nègre, François-le-Petit se laissait photographier devant un ballon en short large. Notre Prince savait ces exercices nécessaires pour se rapprocher de ses sujets, et on le surprit au tennis du Touquet mais il ne fut jamais question de le présenter suant et soufflant ; il refusait les exploits mis en scène. En toute occasion il devait surveiller sa tenue, comme Louis XIV auquel la familiarité était hors de mise. On ne le vit jamais en train de lire *L'Équipe* qu'il consultait cependant chaque jour. Comme la Coupe du Monde de balle-au-pied approchait, cet été-là, des gazetiers rappelèrent qu'il adorait ce sport et y avait lui-même joué dans l'équipe de l'ENA au poste de latéral gauche. Supporter reconnu de l'équipe de Marseille, il se rendit tout de même à Clairefontaine pour soutenir l'équipe de France qui s'entraînait avant de s'envoler pour Moscou, puisque Vlad-le-Cruel avait eu l'honneur de recevoir la Coupe sur ses terrains, ce qui l'autorisa à parfaire l'image d'un pays plus ouvert qu'il ne semblait ; les services secrets russes se déguiseraient en touristes.

Le Prince entendait profiter d'une consolidation de popularité en épousant les goûts du populaire. Il partagea donc le déjeuner des joueurs, soit de l'espadon poché, en buvant de l'eau minérale. Il leur dit des mots à double entente : « Une compétition réussie est une compétition gagnée », imitant par là M. de La Palice pour qui « Une heure avant sa mort il était encore en vie ».

Le Prince avait vu le roi Chirac, après la victoire glorieuse de 1998, monter soudain de quinze points ; un chef sondeur, devant l'impact, confirmait ce type d'embellie : « La balle-au-pied est un sport collectif pour lequel le mot collectif dépasse très largement le cadre des onze joueurs alignés. Il agit sur le moral des gens et suscite une euphorie collective. » Il ajoutait :

« Mais seule la victoire compte. Il faut la coupe ou rien. » Le directeur d'un puissant institut de sondages insistait là-dessus : « Une victoire pourrait transformer l'optimisme actuel des Français en quelque chose de plus robuste. Cela confirmerait le sentiment que le Prince a la baraka et que la France peut profiter de sa chance pour s'en sortir et aller mieux. » Alors le Prince dit aux joueurs réunis autour de lui : « Vous êtes des vedettes que tous les jeunes attendent, mais si je puis me permettre un conseil, la clé du succès sera l'unité. L'équipe de France sera grande dans cette union… » Disant ces mots il pensait à lui. Puis il donna rendez-vous à l'équipe des Bleus le 10 juillet à Saint-Pétersbourg, pour une demi-finale qu'il appelait de ses vœux ; cela passa pour un ordre.

Notre Majesté n'oubliait point l'enjeu financier inévitablement lié à ce type de démonstration. Elle savait que les deux tiers de ses sujets regarderaient les matchs en poussant des cris sur leurs canapés, et que les marchands de vêtements de sport et de téléviseurs espéraient des ventes en quantité, que les bistrotiers se frottaient les mains car ils bénéficieraient d'un surplus de clients exaltés. En Russie, le tsar Vladimir avait pareillement de grosses espérances. Une fois ses opposants muselés il escomptait sur une flambée de nationalisme qui tiendrait son peuple au calme face au flot des visiteurs prévus. Six cent mille étrangers étaient attendus qui découvriraient une Russie joyeuse et proprette. Vlad-le-Terrible avait fait réparer les trottoirs de Moscou et placer dans le métro des indications en anglais. Des terminus d'aéroport tout neufs avaient surgi par miracle. Il fallait que les supporters internationaux oublient l'invasion de la Crimée, le conflit en Ukraine et l'empoisonnement de dissidents chez les Grands-Bretons. Le tsar ne s'appuyait pas sur les performances qu'il devinait minables de son équipe en compétition mais sur son sens brillant de l'organisation. Obtenir son visa pour Moscou devenait soudain fort simple.

Le Prince arriva comme il l'avait annoncé pour la demi-finale où parvint son équipe, mais il ne voulait pas qu'on médît de lui, qu'on racontât qu'il essayait de récupérer un événement sportif d'une telle ampleur. Aussi chercha-t-il la discrétion, à côté d'une certaine gloriole qu'il entretenait sans en avoir l'air. Au stade de Saint-Pétersbourg il n'était point accompagné par la troupe qui d'ordinaire le filmait et le photographiait. Dans les vestiaires, on ne connut donc pas sa manière d'encourager ou de féliciter les joueurs. Il se fit néanmoins remarquer le dimanche 15 juillet au stade Loujniki de Moscou, et ce fut le photographe personnel du tsar, Alexei Nikolsky, qui put saisir la joie spontanée de Notre Prince lorsqu'il sauta en l'air dans la tribune officielle, en bras de chemise et les mains levées, à la 18e minute de jeu quand un joueur croate, saisi par la fièvre, lança de la tête le ballon dans son propre but. La France menait un à zéro et le Prince exultant et criant permit à ce cliché de faire aussitôt le tour du monde. Si l'équipe de France s'avéra efficace à défaut d'être stylée, elle l'emporta et la liesse de notre pays se substitua aux conseillers du souverain. Le Prince persista dans l'humilité tout en jubilant à l'intérieur de lui. « Le triomphe, c'est celui des Bleus », chantait-on depuis le Château. Et François-le-Petit, incapable de résister à un jeu de mots pervers, remarqua qu'on pouvait gagner deux fois, évoquant notre deuxième Coupe du Monde en pensant à sa seconde élection au Trône.

Le lundi matin, la photo du Prince exubérant se retrouva à la une de nombreuses gazettes étrangères. Les joueurs eux-mêmes relayèrent le portraitiste du tsar en jetant par brassées des clichés ou des vidéos de Notre Majesté sur leurs réseaux sociaux. Le Prince les appelait « mes enfants » et les joueurs criaient « Vive la République ! ».

Revenus le lendemain à Paris, une foule attendait ses héros sur les Champs-Élysées. Le bus à impériale qui les ramenait vers le Château se faisait attendre. Le voici ! Ovation, agitation, mais l'autobus descendit l'avenue en un quart d'heure, sans s'attarder. À cause d'un possible attentat, la sécurité ne plaisantait plus. La communion populaire s'en trouva écourtée.

À la suite d'une *Marseillaise* braillée par les Bleus sur le perron du Château, la cacophonie se déplaça sur l'avenue des Champs-Élysées. La foule des supporters serrés derrière des barrières était déçue de ne pas avoir pu acclamer ses héros assez longtemps et Sa Majesté put juger par lui-même qu'une foule d'abord fervente pouvait changer de nature sur ses marges et se diviser en meutes farouches. Des groupes éméchés brisèrent des vitrines et pillèrent le Drugstore dont le restaurant venait d'être rénové. La police intercepta un jeune homme qui venait de dérober un téléphone de prix quand il sortait d'une boutique Piaggio à califourchon sur un scooter volé. « J'me reconnais pas ! dit le garçon. Je suis honnête et j'aurais pas dû boire… » Un autre, dans sa poche, avait six paires de lunettes de soleil. D'autres avaient dévasté une terrasse et vidé les magasins de bijoux, de sacoches en cuir, de bouteilles de vin et de champagne. Ces mauvais réflexes n'annonçaient rien de bon.

Le Prince ne put guère savourer que deux jours de répit pendant lesquels il s'aperçut que sa cote de popularité n'avait point bénéficié de la victoire en Coupe du Monde. Le 18 juillet, ce qu'on nomma aussitôt et pour de longues semaines *l'affaire Benalla* éclata dans une gazette du soir. Ce n'était pas une affaire toute neuve car elle se référait à des brutalités policières filmées par un insoumis anonyme le 1er mai précédent, simplement elle mettait en cause directement un proche du Prince qui venait d'être reconnu après une longue enquête, lequel fautif travaillait au Château dans le cousinage du pouvoir suprême.

Appelez-en à votre mémoire, s'il vous en reste une parcelle de valide : ce 1er mai avait été brutal. Les Black Blocs étaient apparus au soleil et en nombre, rameutés à Paris sur les réseaux d'Internet, passant brusquement du virtuel des écrans au tangible des pavés. Ces avatars de l'Anarchie, pour le principe sans Dieu ni Maître, avaient résolu de casser pour exister les symboles les mieux visibles de l'Argent-Tout-Puissant, le dieu et le maître de ce qu'on nommait dorénavant le *système*, où nous habitions de gré ou de force. Ils débarquaient à leurs points de ralliement, discrets d'abord, d'apparence normale, mais aussitôt arrivés ils se déguisaient en kangourous noirs, avec des cagoules et des casques qui masquaient leur identité. Interchangeables soudain, et nombreux, ils se mêlaient aux manifestants autorisés, militants et syndicalistes, mais aussi touristes et badauds avec des appareils photo, ce qui leur épargnait des charges de la maréchaussée, soucieuse de se préserver des bavures.

La police, renseignée, attendait cinq cents Black Blocs, mais ils étaient trois fois plus qui barraient le pont d'Austerlitz en tenant des banderoles colorées et insultantes. Ils avancèrent sur le boulevard de l'Hôpital où ils s'en prirent aussitôt à une mangeoire de burgers MacDonald dont ils dévastèrent les vitres et la salle, puis la boutique d'une concession d'automobiles voisine. Des poubelles brûlèrent, et des carcasses d'autos de luxe, donc honnies ; la police, plus haut sur le boulevard, actionnait des canons à eau en soupirant : « Pas de blessés ! Surtout pas de blessés ! »

Les Black Blocs semaient le désordre sous le regard complice des groupes d'extrême gauche vissés à leurs prévisibles slogans, avant de se dissoudre à nouveau dans la foule intouchable qui les entourait. Ils figuraient une mouvance, une nébuleuse, et non un mouvement puisqu'ils refusaient hiérarchie et structure.

On les vit éclore en novembre, ces autonomes, il y avait vingt ans, à Seattle, puis à Gènes, à Évian, au Québec où ils appuyèrent les étudiants en révolte. Ils volaient de sommet officiel en sommet officiel pour fracasser des institutions comme l'Otan ou les jeux Olympiques. Leur tactique de casse était désormais rodée et ils visaient au spectaculaire. Ils mettaient leur costume de scène, des masques à gaz en forme de groin et des lunettes de plongée pour paraître sur tous les écrans, lesquels relayaient leurs exploits avec complaisance ; il fallait fournir des images si possible choquantes, donc payantes : le public en redemandait pour frissonner. Ce fut le cas en ce 1er mai 2018.

Échauffourées et poursuites se prolongèrent tout le jour dans le brouillard des lacrymogènes. Dépouillés de leurs panoplies noires et de leur matériel de combat jeté çà et là derrière les innombrables palissades de chantier, les casseurs devenaient anodins et la police n'interceptait que des braillards peu expérimentés mais innocents. Les groupes violents, banalisés, s'éparpillèrent dans le quartier. Un comité d'action des lycéens appela sur les réseaux en proposant de « passer un moment convivial autour d'un apéro improvisé place de la Contrescarpe ». Un syndicat étudiant s'en mêla avec des partisans insoumis du baron de la Méluche. À six heures du soir ils étaient presque une centaine devant les terrasses des cafés touristiques de la Contrescarpe, assis au sol ; en tenant leurs téléphones à bout de bras, ils filmaient les compagnies de CRS embusquées en haut de la rue Mouffetard, lesquelles avançaient lentement pour dégager la place. Alors, sur les images, on vit un grand barbu sauter une barrière et attraper au cou une jeune fille qui semblait invectiver les policiers, il la déséquilibra, elle tomba, puis l'homme s'élança contre un jeune déjà entouré par des gaillards lourdement harnachés ; celui-là aussi il le mit par terre et le roua de coups. Qui était ce furieux ? Un inspecteur en civil, pensèrent les manifestants, plus mobile pour tirer des cortèges les individus suspects : il portait un brassard, un casque et les CRS le laissaient agir comme un des leurs. Après ces rapides violences, le barbu chercha à disparaître, comme s'il ne voulait pas risquer d'être identifié. Qui était-ce ? Il fut reconnu. C'était un familier du Prince. Interrogé, le superintendant du Château, marquis de Strzoda, avait été mis au courant de cette expédition clandestine deux jours plus tôt, et il ne le cacha point :

– M. Benalla souhaitait participer à une intervention auprès de la Préfecture de police pour voir comment se gérait une grande manifestation, et il prit l'occasion du 1er mai. Je lui ai donné l'autorisation, en précisant qu'il devait rester un observateur…

– Ce qui ne fut pas vraiment le cas.

– Un collaborateur m'a avisé que M. Benalla avait été reconnu au moment où il se livrait à une empoignade. Je l'ai convoqué et il a été mis à pied aussitôt pendant quinze jours.

– Le Prince a été mis au courant ?

– Oh oui ! Il m'a réclamé des sanctions. Il était furieux de ce dérapage.

– Mais votre homme est resté chargé de mission au Château ?

– Il s'occupait de la sécurité d'événements privés qui concernaient le Prince.

Le marquis de Strzoda validait l'identité du faux policier sauvage de la Contrescarpe, M. Benalla, qu'il reconnaissait appartenir à ses services quoiqu'il ne figurât point sur l'organigramme du Château, même si l'en-tête imprimé sur son papier à lettres indiquait nettement son titre de conseiller du Prince ; cela suffisait à éteindre toute vraie colère chez notre marquis pour cette manifeste insubordination. Il fallait avouer que le turbulent jeune homme se permettait des privautés déconcertantes que le Prince ne punissait jamais car il avait besoin de fantaisie et que le protocole trop strict du Château le rendait souventes fois maussade. Les huissiers, ahuris par les nouvelles mœurs du Château, n'osaient broncher mais leurs mines indiquaient la désapprobation quand les jeunes énarques débarqués en bande dans les bureaux poussaient du pied les vénérables portes. M. Benalla, lui, entrait sans qu'on l'annonçât dans les bureaux princiers et ses propos ne ménageaient pas le Souverain. On l'entendit un matin, en regardant la nuque du Prince, lui dire : « Faudrait aller chez l'coupe-tifs, hein ? T'as les ch'veux trop longs dans le cou », sans qu'en retour la foudre le pulvérisât. Aussi le marquis chouchoutait cet étrange favori aux manières si éloignées des siennes, dont les insolences amusaient. Il balayait de la main ses frasques pour ne point déplaire à son Monarque.

Il se comportait comme le propriétaire de ce bouledogue qui, la mâchoire fermée sur votre pantalon, entreprend de le déchirer :

– Rassurez-vous, Monsieur, il n'est pas méchant !

– Peut-être, mais je sens ses crocs !

– Il veut jouer, Monsieur, et c'est bien normal : il est si jeune et un peu foufou...

Le chien s'en sortait avec une légère tape sur le museau. M. Benalla aussi, qui n'écopa que d'une punition bien légère. « Après-demain, pensait le marquis, ces broutilles seront oubliées. »

Au téléphone, Sa Majesté avait bien exigé une sévérité exemplaire ; c'était pour la forme, puisqu'il devait penser comme le marquis que ce léger débordement serait vite effacé de la mémoire des gazetiers. Le Prince se comportait comme autrefois le roi Giscard à l'aube de l'affaire dite des diamants, qu'il traita avec désinvolture comme des balivernes de bas étage. « Quoi ? protestait en lui-même cet ancien monarque, un sergent-chef de notre armée, par une plaisanterie du sort, s'est proclamé empereur du centre de l'Afrique ; et ce Bokassa m'a offert, comme à tous ses visiteurs, une plaquette de diamants dont un vitrier ne voudrait pas pour tailler des carreaux de fenêtre ! Après tout, il se venge : le carrosse que nous lui avons donné pour son sacre n'était qu'un vieux corbillard maquillé... » À l'époque, la raison n'avait pas suffi. Les diamants devinrent un symbole de la rapacité du souverain, lequel en eut l'image éclaboussée.

Notre actuel Prince pensait de même. Il refusa d'abord de prêter trois sous d'attention à cette affaire Benalla minable qui ne signifiait rien. Il poursuivit son programme prévu comme s'il ne s'était rien passé. Il se déplaça en Dordogne pour suivre son agenda. À Périgueux, comme ses prédécesseurs, il venait voir la gravure qu'il avait choisie pour le timbre de son règne, une Marianne engagée, la réplique d'une œuvre qui ornait un mur d'immeuble à la sortie de la ville. « La République descend dans toutes les communes ! » dit le Prince.

Il avait l'intention d'évoquer les fractures qu'il sentait entre les territoires, il voulait montrer qu'il ne s'intéressait pas qu'aux grandes villes, où nichaient ses partisans. Il espérait ainsi répondre par avance aux critiques des protestataires dont il ne mesurait pas encore les possibilités de nuisance. Quoi encore ? Il n'avait pas eu la chance de naître dans l'infortune, et personne ne pouvait le plaindre. Nous vivions à ce moment dans une époque confuse où les victimes prévalaient comme les héros d'autrefois ; le Prince, pour son malheur, avait eu une enfance heureuse ou du moins sans histoires, ce qui ne lui fut jamais pardonné. Cela n'entravait point son goût des discours, il s'y laissait aller :

« Si la dépense publique doit être réduite, ce ne sera pas au détriment des services de proximité ! »

Une petite foule se resserra contre lui :

– On s'en sort plus, cria une dame, on s'en sort plus, mon Prince !

– C’est pourquoi je travaille à changer les choses, lui répondit-il.

– Et la vaisselle neuve du Château ?

– Elle n’a pas coûté un centime au contribuable. Je me suis toujours payé mes assiettes.

Au sortir du centre de tri postal de Sarliac-sur-l’Isle où il avait parlé de philatélie, un gazetier accrocheur le tira par la manche :

– Sire, un quotidien du soir a révélé il y a une douzaine d’heures le comportement trouble d’un de vos proches, on l’a vu en vidéo, hier, qu’en pensez-vous ?

– Moi, je suis là avec les gens !

– Vous en pensez bien quelque chose…

– Écoutez, je ne suis pas venu vous voir, mais rencontrer M. le maire.

Le Prince refusait de raviver cette lamentable bévue de M. Benalla. « Cela va s’éteindre si je me tais », croyait-il. Il se trompait autant que le roi Giscard en son temps.

Pourtant l’opposition s’opposait : c’était son jeu. Depuis que l’élection au Trône avait émietté les partis, les militants qui leur restaient cherchaient le moyen de se ressaisir. Ils croyaient avoir trouvé enfin une heureuse polémique pour se remonter la santé. Le chœur des indignés retentit aussitôt, avec l’espoir à peine dissimulé d’exciter la colère des citoyens contre les manières du Prince, seul responsable de son entourage. Le duc Wauquiez, lequel présidait dorénavant le Groupuscule Républicain, dénonçait dans des gazettes accueillantes « le sentiment de favoritisme aveugle et d'impunité infantile » des gens du Château dans cette affaire Benalla. Il demandait avec une feinte innocence : « Pourquoi la justice n'a-t-elle pas été saisie ? Pourquoi a-t-on été jusqu'à instrumentaliser la police pour étouffer l'affaire ? De quels secrets Benalla était-il le détenteur pour avoir ainsi été protégé ? » Puis il se moquait de l'État exemplaire longuement appelé par le Prince avant son sacre. « C'est une affaire d'État ! » s'étranglait d'autre part le baron de la Méluche, et ses réseaux de militants insoumis se mirent en branle. C'était d'ailleurs l'un de ses hommes, Taha Bouhafs, un militant de l'Isère, qui avait capturé au vol les images de M. Benalla déguisé en policier barbu, place de la Contrescarpe. Le baron de la Méluche nommait d'une voix forte le vrai responsable de ces exactions : le Prince lui-même, trop silencieux à son goût, qu'il fallait débusquer pour qu'il sortît de son terrier.

Le Souverain allait-il s'exprimer en public ?

Pour l'heure, on connaissait sa position : « Il ne faut pas, répétait-il, réagir à une situation sous le coup de l'émotion médiatique ou politique. » Pourquoi tant de prudence ? Qui donc était ce jeune M. Benalla qu'on avait souvent croisé en gorille dans le proche entourage du Prince, au tennis, au ski, pendant les vacances ?

Quoique son nom ne l'indiquât point, M. Benalla était normand. Entendez par là qu'il vécut son enfance et sa jeunesse à la cité de La Madeleine, une ville neuve aux portes d'Évreux où, à la fin des années soixante, logeaient en famille les sous-officiers de la base aérienne voisine. Le moderne vieillit vite et la ville modèle ne le resta guère, autrement décrépite que les inusables immeubles haussmanniens. M. Benalla naquit néanmoins au pays du cidre et du livarot une dizaine d'années avant le siècle, de parents marocains. À l'école il se sentait un peu trop gringalet aux yeux des autres, et il jalousait secrètement les grands qui faisaient les malins en gonflant leurs biscottos. Le petit Ben, comme on l'appelait, voulait leur ressembler. Il se prénommait Maroine mais sa mère, afin d'éviter que son père l'emmenât vivre au Maroc de ses ancêtres, lui déclara un prénom mieux français, Alexandre, pour bien l'amarrer au pays où il était né. Le jeune Alexandre grandissait en se désespérant de rester maigrichon, alors, dès qu'il eut l'âge, il se mit à fréquenter une salle de sport à Évreux où il fit de la musculation à outrance. Ce n'était pas un mauvais élève mais il regardait surtout pousser ses muscles.

Il changea souvent d'école, se retrouva dans un collège à L'Aigle, puis à Bernay. Il avait découvert le rugby qui acheva de parfaire sa carrure et lui permit de satisfaire ses pulsions violentes. C'était un redoutable bagarreur et il acquit bien vite une réputation de cogneur, distribuant à plaisir des coups de coude et de poing. Entretemps il avait vu Kevin Costner au cinéma d'Évreux, lequel jouait le rôle principal de *Bodyguard* qui détermina sa vocation. *L'Éveil normand* nous le montre, au festival de Deauville, en garde du corps de Guillaume Canet et de Marion Cotillard : il commençait à réaliser son rêve et n'avait pas vingt ans.

Comme ses parents se situaient dans la mouvance du Parti social, il entra au mouvement des jeunes de ce parti et chercha des personnalités à protéger. Au physique il en imposait, même s'il restait balourd. Après avoir effectué sa préparation militaire dans la gendarmerie il se sentit prêt à affronter des mêlées plus politiques.

M. Plumer, qui dirigeait le service d'ordre du Parti social, le présente comme un gentil garçon qu'il a formé et qui était doué pour son travail. Quant à Jean-Marc Germain, le directeur de cabinet de Mme Aubry, duchesse de Lille, il se souvient d'un étudiant en droit, tout jeune, timide, calme et discret, un simple bénévole. Alexandre se retrouva ensuite à surveiller la campagne du candidat Hollande. À la Réunion, entouré de militants à moitié ivres, il se heurta à des agités. Alexandre paraissait plutôt effacé mais il pouvait s'énerver et monter le ton.

François-le-Petit parvint à siéger sur le Trône et cela marqua un tournant essentiel dans la carrière naissante et rêvée du jeune Alexandre. On l'avait vu à l'œuvre et quand la duchesse de Lille protestait en affirmant qu'elle n'avait jamais eu de garde du corps, on la voyait, sur une photographie de l'agence Sipa à l'élection primaire de 2011, protégée par Alexandre, en jeans et polo noir, qui avançait une main derrière son dos afin qu'elle pût monter à la tribune sans soucis. Ainsi repéré pour ses services, des ministères tout frais réclamaient Alexandre et sa carrure devenue imposante. Il dut batailler puis se fâcher avec le chef du service d'ordre, lequel voulait conserver autour de lui les hommes qu'il jugeait avoir formés. Alexandre en eut la tête chavirée : le pouvoir était à sa portée ; il accepta aussitôt de se retrouver à la solde du ministère de Bercy où il devint illico le chauffeur attitré de son occupant, M. Montebourg, duc de Frangy. Il n'était plus un militant bénévole mais un salarié avec un logement de fonction. Il lui fallait d'abord s'incruster avant de grimper plus haut. Pendant quelques mois il conduisit la voiture à cocarde du ministre avec qui il finit par se brouiller, à la suite d'un accident qu'il avait mal maîtrisé. Là-dessus les témoignages diffèrent mais il faut se méfier des témoins ; pour celui-ci le coupable était blond et pour cet autre brun, l'un affirme qu'il portait une moustache et l'autre qu'il était imberbe. Allez vous y retrouver… Je ne crois plus aux témoins depuis longtemps…

Ouvrons à ce propos une parenthèse. C'était au début des années soixante-dix. À quelques-uns nous avions lancé un mensuel qui s'appelait *Actuel*. Nous y passions nos jours et nos nuits. Un petit matin de nuit blanche, après un dernier café, je me rendis à la banque du journal toucher ma paie, des billets neufs que je pliais dans ma poche. Rentrant chez moi, place de la Bourse, des inspecteurs en civil me mirent la main sur l'épaule et me demandèrent de les suivre au commissariat. « Pourquoi ? » Ils ne me répondirent pas. Une fois dans leurs locaux je vis derrière une cloison vitrée trois ou quatre individus agités qui me désignaient. Que me voulaient-ils ? Ils m'avaient formellement reconnu comme celui qui venait de les dévaliser dans leur boutique. J'avais pris la caisse avant de m'enfuir. Les billets neufs dans ma poche m'accablaient. Eh bien cela dura une journée entière, avant que mes amis viennent me délivrer. Jusqu'à ce dénouement heureux, personne ne me croyait, personne ne vérifia ce que j'avançais. Depuis lors, quand j'entends un quidam sûr de lui crier : « C'est lui ! Je le reconnais ! », je me méfie. « Après avoir heurté une voiture, Benalla a tenté de filer en douce ! » disait le duc de Frangy. « Pas du tout ! » répondait Alexandre. Qui avait raison ?

Nous étions en 2015 quand le monarque finissant, presque au bout de son règne, permit à Alexandre de suivre pendant quelques jours les cours d'une école des officiers de gendarmerie, à Melun. Toujours civil, il eut droit à une carte octroyée par les gendarmes, qu'il montrait à tout le monde avec fierté.

On le surprit à cette époque dans un bar à chicha du quai d'Austerlitz où il rencontra d'anciens policiers groupés dans une société de sécurité, Velours ; il en profita pour monter sa propre société, grâce aux connaissances qu'il avait acquises au Parti social. Des contrats affluèrent. Il aida ainsi une entreprise à s'implanter au Brésil, participa à des conférences à l'étranger, se forgea une réputation d'homme d'expérience, ce qui était pour une part du bluff. Dans une salle de sport qu'il fréquentait, il se lia à un ancien boxeur qui fut nommé délégué pour les Français d'outre-mer, et

Alexandre, par amitié, se retrouva d'un coup propulsé comme conseiller dans son cabinet. Il se conseilla surtout lui-même en montant un réseau.

Arriva la campagne du Trône, en 2017.

Notre Prince ne s'était pas encore déclaré et n'était plus ministre, il n'avait donc pas droit à une protection officielle, aussi recruta-t-il des cerbères parmi les bonnes volontés et les gens disponibles. Disponible, Alexandre l'était. Il fut engagé et s'occupa de la protection rapprochée du Prince, voire très rapprochée. L'homme de main devint un homme de confiance. Le Prince allait-il respirer au Touquet, c'était lui qui gardait les clefs de la maison de Brigitte : les week-ends en famille lui étaient réservés. À cette occasion, il croisa du beau monde, des élus, des chefs d'entreprise, des avocats… Le soir de la victoire, c'était lui qui servit pour la télévision de doublure lumière à son maître, dans la cour du Louvre. « Demain, disait-il à ses amis, qu'est-ce que je vais pouvoir demander au Monarque ? »

Ainsi arriva-t-il au Château, sans vraies compétences mais avec une image de fidélité.

Chapitre II

UN FAUX POLICIER PROFESSIONNEL. – LE BRASSARD FABRIQUÉ ? – LE CHÂTEAU PROTÈGE M. ALEXANDRE. – UNE VIDÉO QUI TOMBE À PIC. – PERQUISITION MANQUÉE. – FANTÔMAS DÉROBE UN COFFRE-FORT. – BRÉGANÇON MON AMOUR. – LA VACANCE DE M. HULOT. – LES JUGES. – LEURS TÉMOINS. – DÉPLACEMENT AUX ANTILLES. – LE DUC DE LYON RENTRE À LYON.

Les gens s'indignaient de ce que M. Alexandre se fût déguisé en policier place de la Contrescarpe pour cogner des manifestants, mais il en avait pris l'habitude depuis longtemps. Le mercredi 21 septembre 2016, déjà, à cinq heures du matin, quatre policiers en patrouille se rendent à Issy-les-Moulineaux et sonnent à la porte d'un M. Benalla. Celui-ci finit par leur ouvrir sa porte blindée. Il était nerveux, agressif :

– Que me voulez-vous ?

– Nous avons été requis pour une jeune femme séquestrée à domicile…

Celle-ci veut parler mais M. Benalla lui demande de se taire. Devant les gardiens de la paix il fait même le fiérot :

– Je suis moi-même un fonctionnaire de police, Messieurs, dit-il en leur mettant sous le nez une carte barrée de tricolore.

– Ce n'est pas une vraie carte de police ! dit le brigadier-chef en regardant la carte de près.

Alors M. Benalla reprend prestement la fausse carte en précisant :

– En fait, je suis le chauffeur de M. Cazeneuve, votre ministre de l'Intérieur.

C'était faux, mais M. Benalla menaçait avec aplomb :

– Vous savez, je peux vous faire destituer ! Je n'ai qu'un coup de fil à passer au directeur de cabinet du Premier ministre, M. Valls, que je connais personnellement.

– Eh bien téléphonez-lui, répondit le brigadier. Ensuite, vous me le passerez…

M. Benalla ne décrocha pas son téléphone mais les policiers visitèrent l'appartement, qui était vide. Ils y découvrirent tout de même des traces de dispute, que la compagne de M. Benalla chercha à minimiser. Ils repartirent bredouille. Rentré dans son service, le brigadier voulut convoquer M. Benalla pour établir sa véritable identité et sa fonction, mais l'enquête tourna court.

Trois ans plus tard, cette fois à propos de son intervention violente du 1er mai, M. Alexandre, qui avait pris du galon, précisa qu'un officier de sécurité lui avait remis sa panoplie de policier dans un sac, dont il avait vérifié le contenu à son bureau du Château. Il y avait là un casque, un ceinturon en cuir, un masque à gaz, une cotte bleue avec des insignes de capitaine et un brassard. Plus tard, des enquêteurs trouvèrent dans son ordinateur professionnel que M. Benalla avait consulté trois fois, sur Internet, des sites de *création de brassard*. Quant à l'officier de sécurité qui lui avait apporté le sac, il prétendit lui avoir donné un brassard de police. Là encore, qui a raison ? Les milieux de la sécurité sont peuplés de mythomanes ou de menteurs et M. Benalla cherchait toujours à ne pas laisser de traces ; par exemple, lors du fameux meeting du Prince, porte de Versailles, pendant la campagne du Trône. Il aurait payé en billets des membres du service d'ordre dont il avait la charge. Pas de traces, vous dis-je. Pas de traces non plus quand il fut mis en garde à vue pour port illégal d'insignes de police, et qu'il y eut une nouvelle perquisition à son domicile d'Issy-les-Moulineaux. Les policiers s'y présentèrent le soir en sa présence. Devant la porte blindée ils lui demandèrent :

– Donnez-nous les clefs, s'il vous plaît…

– Hélas je ne les ai pas sur moi.

– Où sont-elles ?

– Je les ai données à mon amie.

– Allez les chercher.

– Impossible, elle est partie à l'étranger.

– Comment faites-vous pour rentrer chez vous ?

– En ce moment je ne rentre pas chez moi.

– Quoi ?

– J'ai un logement de fonction quai Branly, c'est une annexe du Château où je travaille.

– Vous n'avez rien de précieux, ici ?

– Un coffre-fort.

– Qui contient ?

– Deux pistolets. Dans mon métier, il faut tout prévoir…

Les policiers revinrent le lendemain matin avec un serrurier, trouvèrent un appartement déserté, et le coffre avait disparu. Dans la nuit ? Quant à l'amie de M. Benalla elle n'était pas hors frontière mais dans le XVIe arrondissement, hébergée par des connaissances. On apprit à cette occasion que M. Benalla avait des relations et même des protecteurs.

– Qui a emporté votre coffre ? demanda, courroucé, un inspecteur.

– J'en sais rien, moi. Fantômas ?

Ce qu'il considérait comme une sottise menaçait le Prince. En protégeant M. Benalla, son entourage du Château le protégeait lui, aussi diffusa-t-on une vidéo qui disculpait le voyou du 1er mai. M. Benalla l'avait remise en personne à l'un des fidèles de Notre Majesté qui fit diligence pour la répandre. Comment M. Benalla se l'était-il procurée ? Il l'expliqua dans une gazette du soir :

– Quelqu'un de la Préfecture de police m'appelle vers vingt-deux heures. Il me dit : « Alexandre, on a la vidéo du gars et de la fille en train de jeter des projectiles sur les CRS, est-ce que tu la veux pour te défendre ? » Si on pouvait prouver que les gens en face n'étaient pas que de simples passants mais des casseurs…

– D'où viennent ces images ?

– Je ne sais pas. J'étais en train de dîner dans un restaurant près du Palais et quelqu'un vient me donner un CD. Il n'y avait rien écrit dessus. Le CD, je ne le regarde pas et je le remets au Château à un conseiller en communication…

– Et qu'en a-t-il fait ?

– Je crois qu'il a essayé de le diffuser et de le fournir à des gens, pour montrer la réalité des faits.

– Pensez-vous être victime d'un complot ou d'un règlement de compte visant le Prince ?

– C'est une façon d'attraper le Prince par le colback. J'étais le point d'entrée pour l'atteindre, le maillon faible. Des inimitiés s'étaient créées, des gens ne supportaient pas que je ne fasse pas partie du club, que je ne sois pas énarque, sous-préfet… Si j'avais eu un tel statut et qu'il s'était passé ce qui s'est passé le 1er mai, les choses auraient été différentes.

Tandis que M. Benalla posait en incompris et en victime, l'affaire que son inconduite avait déclenchée s'emballait et prenait des proportions. Les travaux ordinaires de l'Assemblée s'étaient sabordés et les députés réclamaient une commission d'enquête, les sénateurs de même. L'opposition tonnait et fustigeait les silences et les compromissions du Château dans ce qu'ils nommaient une affaire d'État. M. Jacob, qui présidait à la Chambre aux destinées confuses de la droite républicaine, toujours en capilotade, expliquait : « C'est le cœur de l'État qui est atteint ! Nos travaux doivent cesser immédiatement, le Premier ministre doit venir s'expliquer devant nous ! » Mlle de Montretout, laquelle tenait la meute de la droite excessive, renforça son influence en lançant : « Les pratiques du Château semblent mettre en lumière la tentation des polices parallèles agissant en dehors de tout cadre légal ! » Certains s'engouffrèrent dans cette rengaine pour évoquer le SAC, ce Service d'action civique voulu sous le règne de Charles Ier de Gaulle, que conduisaient MM. Debizet et Pasqua, une milice d'interventions secrètes qui mêlait très étroitement des convaincus et des truands, dont un bon nombre de trafiquants de poudre blanche. La comparaison n'alla guère plus avant, tant le parallèle était stupide avec un jeune frimeur qui avait joué au cow-boy.

Le Château se taisait toujours.

On lui reprochait la faiblesse des quinze jours de mise à pied de M. Benalla ? Soit. Celui-ci, au lendemain d'une courte garde à vue qui ne servit à rien, fut licencié. La commission des lois de l'Assemblée finit par établir une commission d'enquête, des responsables de la Préfecture de police furent suspendus pour n'avoir su donner l'exemple d'une parfaite probité…

Et le Prince ?

Une clameur longue et persistante le rendait responsable de son entourage, mais il l'avait voulu en régnant seul. Cependant, il ne parvenait pas à en vouloir à M. Benalla de sa légèreté ; il l'avait connu jovial et efficace dans l'obscurité et il rechignait à prononcer sa disgrâce. Il avait servi au Château comme un majordome-major officieux et jusqu'à présent s'en dépatouillait plutôt bien. Il avait une pointe de folie gouvernée toutefois par l'ambition, avec une flatterie insigne pour le Prince, ce qui fit sa fortune et le rendit un personnage à la Cour, sans doute moins terne que la plupart. Il se distinguait toujours par son assiduité. Peu de gens reçurent une reconnaissance si grossièrement marquée au coin de l'intérêt à l'égard du Prince. Son ardeur, sa vivacité, son audace, tout ce qu'il avait fait pour le Prince le faisait usurper de libertés qui plaisaient étrangement au Souverain. Il fut sans contredit le plus fou et le plus malhonnête homme en France.

Le soir du 24 juillet, enfin, le Prince se décida à parler, non point corseté dans son bureau fleuri pour l'occasion, devant les citoyens, mais comme ça, par surprise, sans prévenir, en montant impromptu sur l'estrade de la Maison de l'Amérique latine où ses marcheurs s'étaient réunis pour fêter ensemble la fin de la session du Parlement. Autour de lui, quelques-uns de ses principaux apôtres, dont M. Ferrand qui présidait l'Assemblée entière, le Premier ministre et duc du Havre, le chef des porte-voix M. Castaner, duc de Forcalquier… Notre Majesté tapota sur le micro comme un chanteur avant de commencer son récital :

« Alexandre Benalla n'a jamais détenu les codes nucléaires, Alexandre Benalla n'a jamais occupé un appartement de fonction de 300 m^2 à l'Alma, Alexandre Benalla n'a jamais gagné 10 000 euros par mois, Alexandre Benalla n'a jamais été mon amant ! »

Il y eut des rires appuyés et un peu contraints. Le Souverain poursuivit :

« Depuis un an, dans notre royaume, il n'y a eu qui que ce soit protégé ou soustrait à nos règles, et si nos concitoyens attendent un responsable, dites-leur : vous l'avez devant vous. Le seul responsable de cette affaire c'est moi, et moi seul ! »

Le Prince surprit par sa brutalité un auditoire acquis en se posant comme à son habitude au centre des décisions, et ses ennemis allaient en tirer un profit immédiat, car il y avait à la fois de la forfanterie et de la maladresse politique dans cette tonitruante profession de foi, mais qu'importait, il continua sur sa lancée avec la même fougue :

« Celui qui a fait confiance à Alexandre Benalla, c'est moi, votre Prince, celui qui a été au courant et qui a validé l'ordre, et la sanction choisie par mes subordonnés. Les valeurs qui nous ont faits, ce n'est pas le royaume des fusibles, ni celui de la haine, celui où l'on fait trinquer un fonctionnaire ici, un collaborateur là. On ne peut être chef par beau temps et vouloir s'y soustraire quand le temps est difficile. S'ils veulent un responsable, il est devant vous, et qu'ils viennent me chercher ! »

Le Prince avait toujours le mot de trop ; il ne pouvait pas s'empêcher de déborder. C'était enfantin mais ce genre de défi tournait à l'insolence pour ceux qui lui cherchaient des noises et mesuraient la provocation. Sa Majesté poursuivait son discours qui n'était point improvisé mais longuement calculé, elle appela au calme et à de plus justes proportions. Où était la réalité des opinions ? Fallait-il que le pouvoir médiatique se substituât au judiciaire ? que des réactions épidermiques et des émotions spontanées occultassent la loi ? Où allions-nous dans cette voie ? s'inquiétait le Prince. Décidément le monde lui semblait dangereusement baroque.

Notre Souverain, par nature, détestait les polémiques mais il les nourrissait par son attitude jugée hautaine. Cela se vérifiait à la commission d'enquête de l'Assemblée où le climat était chargé d'électricité. La présidente de la commission, laquelle appartenait aux partisans du Prince, se disputait avec son rapporteur républicain qui demandait qu'on écoutât le principal fautif, M. Benalla, et le secrétaire général du Château ; le groupe princier s'y opposait et la séance se perdit dans une fatigante cacophonie. On s'insultait : « Scandaleux ! Inadmissible ! C'est une farce ! Une mascarade ! » Une député insoumise qui représentait le baron de la Méluche fit remarquer que la présidente avait figuré sur l'estrade où le Prince avait livré son point de vue, qu'elle était compromise et n'était pas en mesure de juger avec impartialité. Un représentant de la droite l'appuya car il y eut un front uni contre les manœuvres du Château : « Les courtisans font des mauvais juges ! » ou « On nous parle de séparation des pouvoirs, mais de qui se moque-t-on ? »

Les marcheurs du parti princier tentèrent de résister au milieu de l'agitation, mais ils se tenaient sur la défensive :

– Vous affirmez que le Prince a préféré s'expliquer dans l'entre-soi de sa petite caste ? C'est faux. Le Prince vient toujours à cette réunion annuelle !

– Oui, depuis un an, persifla un républicain.

– Eh quoi ! s'emporta une marcheuse, s'il avait oublié de nous donner son avis à propos de l'affaire Benalla, qui occupe toutes les têtes, qu'auriez-vous dit ? On vous aurait entendus vociférer et gronder ! Nous sommes d'abord des parlementaires, à travers nous le Prince s'est exprimé devant les Français. Ses propos ont été largement diffusés dans les gazettes.

Et patati et patata... Ce genre d'empoignade risquait de s'éterniser et le Prince ne s'en mêlait point. Ce n'était pas son rôle. Qu'ils se dégourdissent, les ministres ! Il délégua pour une fois au Premier d'entre eux, le duc du Havre, le pouvoir de répondre à la tribune, fort de sa majorité, aux opposants braillards qui braillaient d'une seule voix d'un extrême à l'autre, puis il s'en alla respirer l'air pur des Hautes-Pyrénées.

Il arriva un mercredi à Bagnères-de-Bigorre et se prêta volontiers à un bain de foule chaleureux qui le rassura, d'autant qu'il n'y avait aucun gazetier dans les parages. Il offrit ensuite à dîner aux élus locaux pour bavarder de leurs soucis et de leurs espoirs. Le jeudi il était à La Mongie de son enfance, où il passait ses vacances d'écolier chez sa grand-mère, et où il connaissait tout le monde depuis lors. Il profita de l'escapade pour inaugurer les nouveaux équipements du pic du Midi avant de s'envoler en Espagne et au Portugal pour on ne sait quelle raison. Peut-être cherchait-il un motif européen afin d'échapper à la dix-septième étape du Tour de France qui passait entre Bagnères-de-Luchon et Saint-Lary-Soulan. Il avait pour cette défection deux bonnes raisons : son Premier ministre l'avait déjà représenté sur le circuit la semaine précédente, et puis les gazetiers allaient le harceler sur cette affaire Benalla qui les tenaillait ; le public risquait de le siffler et de le huer, ajoutaient ses services de renseignement.

En l'absence ainsi motivée de Notre Fuyant Monarque, le spectacle continuait sans relâche chez les juges du Parlement ; des suspects choisis défilaient ; ceux qui les cuisinaient traquaient leur implication dans les méfaits de M. Benalla. Face aux débordements largement étalés en place publique, hauts fonctionnaires et gradés de la Préfecture se présentaient volontiers mais semblèrent n'être au courant de rien, se défaussant l'un sur l'autre, qu'il fût son subordonné ou son supérieur. Le doute s'insinuait. Le Prince savait que ses adversaires étaient des ennemis : leur malveillance le suivait, pensait-il. Même ses proches lui faisaient défaut, comme le duc de Lyon, M. Collomb, qui prétendait ne pas connaître ce M. Benalla qu'il avait pourtant salué le 1er mai dans la salle de commandement de la Préfecture : M. Collomb, quoique ministre de l'Intérieur, ressembla pendant trois répliques à l'homme le moins informé de France. En vérité, devant le tribunal des députés, le duc de Lyon interpréta à la perfection le rôle de l'amnésique. Un matin à dix heures, il comparut donc dans la salle 6242 de l'Assemblée, au deuxième sous-sol. Il prêta serment et ne mentit point, mais éluda les questions ou répondit à côté.

– Comment un chargé de mission du Château a-t-il pu se déguiser en policier ? Avez-vous vu les images, Monsieur le ministre ?

– On m'a montré les images du 1er mai, oui, répondit le duc de Lyon. Et alors ?

– La présence de M. Benalla pareillement costumé ne vous a pas gêné ?

– Non, je pensais qu'il faisait partie de la police.

– Savez-vous que ce jeune homme de vingt-six ans disposait d'un véhicule avec gyrophare ?

– Je ne savais pas.

– Vous ne savez pas non plus quel était son accompagnateur de la Préfecture ?

– En effet, je l'ignore, mais ce genre de détail n'était pas de mon ressort. La Préfecture de police était au courant, pas moi.

– Et la fameuse vidéo qu'on a remise à M. Benalla le 2 mai ?

– C'est le cabinet du chef de l'État qui la lui a remise.

– Et les sanctions qui ont été prises à l'époque ?

– On m'a affirmé en haut lieu qu'elles avaient été prises de façon adaptée. Le ministre de l'Intérieur n'a pas à se substituer aux fonctionnaires compétents.

– Pourquoi n'avez-vous pas saisi la justice, comme vous le permet l'article 40 du Code de procédure pénale ?

– C'est au préfet de police de la zone où ont lieu les faits qu'incombe la responsabilité d'activer cet article.

La séance de charcutage de la parole ministérielle dura deux heures et demie : les députés n'en tirèrent aucune information croustillante et certains demandèrent même une nouvelle convocation du duc de Lyon, mais celui-ci devait réitérer son numéro de parfait étourdi le lendemain devant la commission plus pugnace d'un Sénat aux mains de l'opposition. On parlait dans les couloirs de sa démission mais elle n'était pas encore à l'ordre du jour, d'ailleurs n'avait-il pas déjeuné le samedi précédent au Château ? Le Prince conservait sa confiance à ce vieux serviteur de Sa Majesté, qui fut le premier à soutenir sa candidature quand tant d'autres se défilaient. Pourtant une partie de la majorité princière lui en voulait à cause de sa politique trop répressive de l'immigration et puis le duc du Havre, dans son hôtel de Matignon, était agacé par ses prises de position discordantes, notamment à propos de la limitation de vitesse des automobiles ; le ministre lyonnais cautionnait la grogne des élus locaux dont il fut, et il déplorait que toutes les mesures se décidassent à Paris sans tenir compte des réalités de terrain.

M. Collomb déclencha un concert de réprobations diverses contre sa personne. C'était pourtant le plus politique du gouvernement, un vieux roué qui savait les ficelles du pouvoir et en usait. Devant les possibles échauffourées il fuyait habilement : « Sur votre vidéo, j'aurais été incapable de reconnaître votre M. Benalla.

Il fallait être assez proche de lui pour le détecter. » Fâché, le préfet de police lui répondit plus tard en se montrant perfide : « Fondamentalement ces événements de la Contrescarpe résultent de dérives individuelles inacceptables, condamnables, sur fond de copinages malsains. »

Le Prince délaissait ce monde politique en plein chaos. Les embrouilles et les mesquineries ne l'intéressaient guère et il abandonna au duc du Havre et à son gouvernement le soin d'y répondre. L'affaire Benalla s'enrichissait chaque jour de nouvelles révélations dont les gazettes s'emparaient avec délice. On désignait des complices, on nommait des comparses. De plus en plus bruyante, l'opposition montait cette sauce, et le Prince se bouchait les oreilles pour ne point contrer ce qu'il estimait des énormités. Il refusait de descendre si bas et se drapait dans les attributs de son rang, très en surplomb de la mêlée. À force de se placer au centre de tout il devint la cible principale du chahut. Un matin, en consultant sa revue de presse, un article l'affecta plus que les autres. Un malveillant gazetier avait promené son micro au Touquet près de la villa dont avait hérité la Princesse Brigitte. Les gens de cette station avaient voté pour lui à 81 % et voilà qu'aujourd'hui ils avaient l'air dépités. En vacances au bord de la mer, deux quinquagénaires donnaient leur opinion : « Il faut que le Prince parle vite aux Français, sinon c'est cuit. On ne peut pas demander au peuple de respecter les règles si on ne le fait pas soi-même. »

Le long de la plage, un militant naguère enthousiaste se désolait : « On n'avait pas voté pour ça ! » Derrière, sur un petit banc, Jeanine, une ancienne ouvrière de Roubaix qui avait travaillé toute sa vie dans les filatures, était très colère mais sur un autre thème : « Il faut le mettre dehors, ce Prince. Il dit que les retraités on est des riches, mais c'est ses amis les riches ! »

Les jugements catégoriques et négatifs sur le Prince infusaient dans la société des abandonnés, lesquels n'avaient plus un sou avant la fin de chaque mois. Que devait-il changer pour rétablir la situation ? Son attitude ? Sa façon de parler ? Voilà pourquoi il aimait quitter Paris où se rassemblaient des mécontentements : en province, il croyait mieux rencontrer des appuis et pouvait à sa guise distribuer des leçons. Au pic du Midi, un retraité des Hautes-Alpes, Alain, avait répété que « l'affaire Benalla ça ne change rien. Ça ne concerne que Benalla, pas le Prince ». Georges lui avait fait écho : « Le Prince, il ne peut pas être responsable de tout. » Ensuite il s'était envolé pour Madrid où il avait dîné avec le roi d'Espagne et donné une conférence de presse courtoise. De même, le lendemain à Lisbonne, dans l'auditorium de la fondation Gulbenkian : le Prince y discourut sur l'Europe devant des étudiants et des expatriés français qui l'interrogeaient sans jamais poser une seule question sur l'affaire qui agitait les gazettes parisiennes. Il leur dit que l'Europe devait redevenir un objet politique chaud : « Il nous faut une Europe sensible. On a créé une Europe un peu bureaucratique, il faut bien le dire… »

Revenu au Château, le Prince retrouva aussitôt ses tracas ordinaires qui lui pourrissaient l'été.

Notre Vibrionnant Monarque cauchemardait parfois. Mille doigts, dans ses rêves agités, le décortiquaient comme une langoustine. On cherchait à lui arracher sa carapace, qu'il avait mis tant de temps à se construire, mais cela avait l'effet inverse, il se figeait, il se raidissait. Comment se protégerait-il sans une solide armure ? Ses moindres gestes étaient épiés, ses moindres paroles. Même s'il se livrait en cachette, ses murmures s'étalaient en gros caractères dans les gazettes, des commentateurs en parlaient et s'en gargarisaient pendant des heures. Notre Majesté sentait maintenant un front du rejet qu'il attribuait à des manigances politiques de l'ancien monde qui surnageait. Benalla avait servi de révélateur. Le piédestal était endommagé. Quand il s'était présenté au suffrage des citoyens, le Prince avait évoqué la nouveauté, l'efficacité, l'autorité, mais tout cela flanchait. Il avait promis un règne exemplaire mais il était retombé dans les errements des anciens souverains dont il avait juré de se démarquer ; il n'avait point effacé les travers du vieux monde, qui lui collaient aux basques. Ce Benalla, aux yeux de l'opinion, figurait l'un de ces voyous dont s'entouraient ordinairement les monarques pour leur police personnelle et rapprochée. De multiples images l'attestaient, il était devenu au fil des mois un intime du pouvoir auquel rien ne le prédestinait. Lui aussi se croyait au-dessus des lois courantes, et il en avait abusé. Il avait fini par perdre, en apparence du moins, la confiance du Prince, à mesure que le Prince perdait la confiance du pays. Apparut en public sous une lumière moins tamisée, le cercle réduit des intimes regroupés au Château, les ouvriers de la première heure récompensés pour leur fidélité, et qui confortaient le Prince sans jamais le contredire.

Ce troupeau de jeunes énarques bourdonnait autour du Prince pour le protéger quoi qu'il fît, farouchement inconditionnels, quitte à payer pour lui ainsi que naguère la justice condamna MM. Juppé et Roussin pour les malversations brouillonnes du roi Chirac. Quelques-uns, lesquels occupaient de hautes fonctions, tentèrent d'étouffer l'affaire Benalla, la plupart des autres s'affairaient sur leurs ordinateurs à fourbir le Nouveau Monde qu'imaginait le Prince. Ils se serraient comme les prétoriens de Tigellinus qui veillaient au salut de Néron, ou comme les grognards de la vieille garde que menait Cambronne en carré autour de Napoléon. Ajoutez à cette vaillance de commande le numérique devenu une mode et vous obtiendrez aisément le Nouveau Monde réduit en une formule :

Cambronne + numérique = Nouveau Monde

Soit, pour compliquer comme le veut l'époque :

C + N = NM

Il était toutefois étrange de constater que cette pratique n'avait rien de vertueux. Un laboratoire d'idées vertes, *The Shift Project*, français malgré son nom assez snobinard, venait de nous avertir que l'ordinateur polluait davantage que la totalité des avions actuellement en vol. Le numérique émettait 4 % des gaz à effet de serre, par ailleurs maudits, et ce chiffre devait doubler d'ici à 2025, soit autant que les automobiles dans le monde ; n'oublions pas que nos neuf milliards d'appareils informatiques crachent des saletés.

Au Château les jeunes énarques flottaient dans une autre sphère, loin des réalités et loin des préoccupations populaires.

Le Prince avait besoin de calme et de recul. À l'issue de son dernier conseil des ministres de l'été, il partit le vendredi 3 août à Brégançon, ce fort du XVIIe posé sur un piton rocheux et boisé d'où les militaires, autrefois, surveillaient la Méditerranée et pouvaient riposter aux incursions des pirates qui pillaient les côtes du Var. C'était Charles Ier de Gaulle qui avait choisi cette villégiature des chefs de l'État, même s'il n'y resta qu'une seule nuit, sur un lit trop court, à chasser les moustiques. Cette fois, une quinzaine de curieux attendaient le couple princier devant les grilles du fort, il fallut leur parler, rire avec eux, poser pour des photos avant de s'enfermer à l'intérieur à l'abri des regards. Tout était aménagé comme une annexe du Château, le Souverain pouvait y travailler, y réfléchir ou téléphoner mieux qu'à Paris puisqu'en paix. Il n'oubliait pas ses devoirs et reçut le soir même la Première ministre des Grands-Bretons qui voulaient depuis longtemps rompre avec une Europe qu'ils ne sentaient pas favorable à leurs intérêts. Elle vint donc dîner avec son mari pour obtenir un soutien contre l'intransigeance de Bruxelles où les négociations piétinaient. Cela fut cordial mais il n'en sortit rien. Et les vacances reprirent leur cours. Qu'en resta-t-il ? Quelques photos dérobées du Monarque en jet-ski dans la baie de la Palud, une zone protégée interdite à la navigation. Le Souverain se moquait bien de la protection des mérous bruns, une espèce protégée que troublaient le bruit des moteurs et les remous. Le reste du temps, quand il voulait se détendre, le Prince relisait Genevoix ou Bernanos, disait-on. Le couple ne sortit qu'une seule fois de sa réclusion. Le mardi suivant eut lieu la dernière sortie officielle, méditée, préparée, calculée. Il y avait, devant les grilles, une cinquantaine de personnes averties qui espéraient le couple princier, des curieux, des vacanciers, quelques partisans fidèles. Le Prince salua cette ébauche de foule, il appuya ses paumes sur les têtes des enfants, comme font les curés pour bénir, il salua des mains qui se tendaient, posa pour des photographies prises à bout de bras, et souriait, souriait de toutes ses dents. Ses services avaient repéré un garçon de six ans, Maxime, qui avait parlé du Prince sur les ondes avec chaleur ; il était là aujourd'hui pour voir et toucher son idole. Il était très intimidé et en avait perdu sa faconde, mais le Prince l'invita en personne à venir visiter son Château.

On ne vit plus le Prince. « Ce sont des vacances privées », répétait l'attaché de presse aux gazetiers trop fouineurs. Il assurait son rôle deux fois par jour, installé à La Paillote, un restaurant de plage où se côtoyaient les envoyés spéciaux de plusieurs rédactions nationales. L'attaché de presse aux lunettes de soleil s'attablait à heures fixes pour délivrer des informations avec une journée de retard. Il expliqua ainsi après coup que le Prince s'était déplacé à Porquerolles, à l'île du Levant, à Cavalière. Sans témoins, ce dont s'excusait l'attaché de presse : « Le programme se décide au jour le jour. Le Prince consulte des guides touristiques, écoute les avis des gens du coin… » Cela n'empêchait pas les baigneurs de barboter sous le fort en espérant l'apercevoir si le hasard leur était favorable. Les paparazzis se barbaient, abandonnés et sans pitance. Le Prince n'imita point ses prédécesseurs qui allaient se promener à Bormes-les-Mimosas : il y avait trop de touristes, trop de bronzés décontractés, lesquels, soudain familiers, pourraient l'agresser, et il voulait avant tout de la tranquillité.

Le vrai danger vint du ciel : un drone survola Brégançon. Était-ce un amateur qui avait perdu le contrôle de son engin et ignorait la zone d'exclusion aérienne au-dessus du fort ? Était-ce un photographe à sensation qui espérait prendre un cliché de la nouvelle piscine du Prince ? Était-ce un terroriste qui repérait les lieux avant d'y lâcher une bombe ? Comme ils n'en savaient rien, les gendarmes de l'escorte princière brouillèrent les ondes qui portaient l'appareil, lequel s'écrasa en mer. Les vacances reprirent dans une relative sérénité. Il y eut bien sûr des doléances, comme celles de cette résidente du Var qui stationnait devant les grilles en tenant une pancarte : « Secours pour Thomas otage au Maroc. » Le Souverain s'approcha :

– C'est un parent, Madame ?

– Mon fils, oui.

– Qu'a-t-il fait, Madame ?

Elle raconta que ce fils travaillait à Essaouira, sur la côte marocaine, pour une firme grenobloise ; il était ingénieur en microtechnologie quand la police locale l'arrêta en février 2016.

– Quel crime avait-il donc commis ?

– Il s'était lié d'amitié avec un jeune intermédiaire en immobilier, un Marocain auquel il prêta un peu d'argent pour payer son loyer et des médicaments…

– Il n'y a là rien de répréhensible.

– Oh Sire ! La police du Maroc affirme que cet argent aurait servi à financer des activités terroristes !

– Et puis ?

– Et puis ils l'ont enfermé. Thomas a dû signer des aveux en arabe, une langue dont il ignore tout.

– Ennuyeux…

– Oui, Sire, et très injuste ! Thomas est détenu près de Rabat, mais vous avez dû recevoir une lettre qui vous suppliait de le rapatrier dans une prison française…

– Je vais aviser, Madame, même si nos relations avec le Maroc ne sont pas au beau fixe en ce moment.

Il disait vrai. Le roi Mohammed boudait la France depuis que notre justice accusait son chef des renseignements de torture. Quelle emprise pouvait avoir le Prince sur ce monarque irrité ? Donna-t-il une suite à la requête de la mère de Thomas ? Pour l'heure il avait un autre problème à régler : un rafiot humanitaire, l'*Aquarius*, cherchait un port pour y débarquer les cent quarante et un migrants de Somalie et d'Érythrée qu'il avait secourus comme ils dérivaient au large de la Libye dans deux barques en bois. Si le Prince, sollicité, n'intervenait pas, il y aurait inévitablement une polémique autrement grave que lorsqu'il fit monter une piscine amovible à Brégançon pour éviter des frais de surveillance au bord de la plage. Où fourrer ces malheureux naufragés ? Rome n'en voulait pas. Alors, Notre Majesté passa au téléphone le restant de ses vacances. Il cherchait une solidarité européenne dont il avait voulu et qui tardait à se concrétiser. Il passa l'essentiel de son temps au téléphone avec Joseph Muscat, le Premier ministre du gouvernement très corrompu de Malte, qui serait mis à la porte un an plus tard. L'*Aquarius* débarquerait ses migrants à La Valette et ils seraient ensuite répartis entre la France, l'Espagne, l'Allemagne, le Portugal et le Luxembourg. Notre Majesté avait réussi, cet été-là, à préserver son image de bienfaiteur.

Quand il rentra à Paris, il retrouva les tracas.

Dans la capitale, le Prince allait retrouver cette plaie de M. Benalla que la commission teigneuse du Sénat voulait entendre, mais, par usure, cela cicatriserait et le Prince le savait : ce qu'il n'avait pas prévu, c'était une autre plaie qui s'ouvrit avec brusquerie le 28 août dans une émission matinale de France Inter, quand le ministre d'État chargé de l'écologie, d'une voix qui s'étranglait, au bord d'un flot de larmes refoulées, annonça en public sa démission immédiate du gouvernement duquel il n'était plus solidaire. Les gazetiers présents dans le studio, puisque la radio était désormais filmée, ce qui lui ôtait son ton chaleureux, en restèrent interloqués, la bouche ouverte, les yeux ronds. Le ministre n'avait prévenu personne, même pas le Prince qui aurait su le convaincre de renoncer à cet éclat malvenu. M. Hulot était un familier des bouderies et des coups de gueule : les civils sont ainsi, moins endurcis que les politiciens professionnels, si décriés mais plus souples, lesquels savaient épouser les méandres de la vie publique. M. Hulot ne supportait plus les concessions. Il dit avec brutalité ce qu'il pensait de son rôle et comment son action avait été entravée.

Cette plaie béante apparut au pire moment.

M. Hulot était le plus populaire des ministres. Le Prince avait réussi à l'épingler dans son premier gouvernement, ce qu'auraient souhaité ses prédécesseurs. M. Hulot ne devait pas sa notoriété à cet oncle qui, naguère, prêta son nom au personnage fétiche des films de M. Jacques Tati, il la construisit lui-même grâce à un programme télévisé où il défendait la Terre en dévoilant ses splendeurs et ses malheurs.

M. Hulot, à l'âge de son renoncement, avait un visage d'ancien jeune homme sous une coiffure au bol digne de la Jeanne d'Arc des peintres pompiers ou des Beatles dont, vers le milieu des années soixante, on vendait la perruque en nylon aux grands magasins du Printemps, que les lycéens de Condorcet voisin achetaient pour leurs soirées costumées ou simplement parce qu'ils supportaient mal leurs cheveux taillés à la militaire, trop ras dans le cou et derrière les oreilles.

M. Hulot figurait en hérault des écologistes, lesquels pointaient le nez face aux catastrophes en vain prévues depuis des dizaines d'années. Il filmait la banquise en dégel, des séquoias moribonds ou des éléphants braconnés par les trafiquants d'ivoire, mais du haut de son hélicoptère bruyant qui crachait des saletés dans le ciel à en déchirer la couche d'ozone ; dans sa maison de Bretagne, en bord de mer, il rangeait ses polluantes voitures de collection comme des bibelots ; il proposait aussi sous la marque *Ushuaïa* (à l'origine de son succès de reporter) des crèmes et des baumes à la chimie souvent douteuse, un hebdomadaire satirique du mercredi en pointa les défauts... Ces manquements à sa morale ne modifièrent point son image de saint : quoi qu'il fît il conservait son aura dans la population.

Avait-il craqué en direct ?

Quoi de plus estimable parce que quoi de plus sincère ? pensait-on dans le pays. D'ailleurs il donna ses raisons. Il parla en militant d'une cause plus qu'en expert de l'environnement qui nous préoccupait soudain face à des intempéries désordonnées et excessives, cela courait des feux de forêt géants aux marées surprenantes où l'on retrouvait des gens noyés dans leurs lits.

Et puis M. Hulot avait ses humeurs. Il passait pour une vedette, à la longue, et en avait les défauts : eh oui, il était capricieux. Il se permettait des privautés car il se savait privilégié par le Prince auquel sa notoriété était précieuse. Dans les ministères cela se répétait : « Nous devons bien le traiter puisqu'il fait l'objet d'une attention particulière. » Par exemple, personne ne le réprimandait s'il était absent au séminaire de rentrée, parce qu'il était fatigué. Il rentrait chaque semaine dans sa résidence bretonne et on le voyait peu le lundi matin. « Ses humeurs varient souvent, confiait un proche. Il n'est pas facile à suivre et moins encore à deviner. » En fait, il n'éprouvait aucun plaisir à être ministre, un travail ardu, peu gratifiant, épuisant. Il se ménageait. Des mauvaises langues prétendaient à voix basse qu'il se livrait à un chantage permanent.

Il avait pourtant réussi sa première loi sur la fin des forages de pétrole et de gaz en France, mais d'ici à 2040, ce qui lui avait valu des quolibets de ses anciens amis. Hélas, les états généraux de l'alimentation dont il avait eu l'idée avaient été récupérés par son collègue de l'Agriculture, ce dont en apparence il dut se montrer satisfait. Quant à l'interdiction du glyphosate, cet herbicide cancérigène, on en prolongeait l'utilisation de plusieurs années pour lui trouver un produit de remplacement. M. Hulot avait également prévu la fermeture de dix-sept réacteurs nucléaires, mais le gouvernement n'en ferma qu'un seul…

Ce qui l'avait récemment heurté ne touchait pas à la politique verte qu'il s'efforçait de mener, malgré les groupes de pression qui lui sortaient par les yeux. Cela concernait sa vie privée, c'était-à-dire ses mœurs, qui s'avéraient peu compatibles avec sa sainteté écologique. Rappelons les faits. Un nouvel hebdomadaire qui se lançait titra en couverture : *plainte pour viol contre M. Hulot*. L'époque adorait ce genre d'accusation contre ceux qu'on désigna peu après sous le terme d'élites. Il s'agissait d'une plainte déposée pendant l'été 2008 par la petite-fille du roi Mitterrand, Pascale, jeune photographe que l'accusé salace aurait emmenée en Corse où il se serait permis des privautés. L'affaire avait été classée sans suite mais elle ressurgissait pour nuire. Il y eut des rumeurs dans Paris, où l'on évoqua même la démission du ministre indélicat, mais les membres du gouvernement faisaient bloc pour le soutenir. Il resta. La victime elle-même refusait que cette peccadille fut répandue : une main égarée sur un canapé n'allait pas déclencher une affaire aussi démesurée. Alors M. Hulot repensa à ce court poème sur la sieste de Yuan Mei :

> Lisant un livre, lassitude de l'après-midi
> Je pose ma tête sur mon bras replié
> J'ai oublié de fermer la fenêtre
> Me voilà bientôt couvert de pétales de fleur

Face à l'accumulation des déconvenues, M. Hulot était passé de la colère à l'abattement qui devait le conduire à se fissurer puis à craquer par surprise en public.

Le Prince cela sa déception et ne montra rien de son désagrément au-dehors. Il garda une contenance mais cette démission l'affecta dans la mesure où il pouvait se tromper sur les hommes qu'il souhaitait s'attacher. Et le cours des choses reprit avec, dans le paysage, l'ombre persistante de cet autre personnage qui avait défié sa confiance, l'inévitable M. Benalla dont on voulait lui faire payer les frasques. Celui-ci, après avoir hésité, se rendit devant la commission vengeresse du Sénat qu'il avait dès l'abord jugée illégitime. Il y comparut donc, avec des lunettes pour se donner un air sérieux, rasé, en costume et cravate à pois. Il répondit pendant deux heures aux questions, après avoir prévenu ses juges qu'il n'avait jamais été garde du corps de Sa Majesté. Il répondit ensuite sur son port d'arme, qui n'existait selon lui que pour se protéger car il aurait été menacé ; il possédait en effet un Glock 43 pour se déplacer entre le Château et son domicile. Avait-il été mêlé au projet de réforme de la sécurité princière ? Pas une seconde, dit-il avec calme. D'ailleurs, le ministre de l'Intérieur s'y était opposé.

Le ministre de l'Intérieur, lequel se plaisait peu à l'hôtel de Beauvau, lui, le fidèle des fidèles depuis la première heure qui avait régné sur la ville de Lyon pendant plus de seize ans, ce duc de Lyon, si protégé par le Prince, était devenu un poids tant il avait reçu de critiques mauvaises. Il allait devenir une nouvelle plaie. M. Collomb se sentait mal en premier flic de France. Il avait voulu se montrer intransigeant et roublard comme un Fouché socialiste mais le rôle lui convenait peu. Il ne rêvait en silence que de Lyon.

S'il y fit des études au lycée du Parc et y obtint son agrégation de lettres classiques, M. Collomb n'était pas né à Lyon, la ville qu'il chérissait pour y avoir régné si longtemps, et où il passait chaque semaine en désertant sciemment son poste accaparant de ministre. Il naquit en vérité à Chalon-sur-Saône d'un père ouvrier et d'une mère femme de ménage, ce qui l'avait rendu légitime pour rejoindre naturellement la gauche, servant en second des chefs disparates. Aussi le vit-on soutenir le duc de Washington, M. Strauss-Kahn, puis la superintendante des Charentes, Mme Royal, puis le marquis de Tulle, M. Hollande, avant de se livrer en extase au tombeur de ce dernier qu'il aida à devenir cet Emmanuel Ier dont il entonna les louanges : « Non seulement il a affronté le monde, mais il a étonné le monde, il a révolutionné le monde. » Il devint enfin ministre sur le tard, vite accusé par ses anciens camarades d'être dur et sectaire, un brin homophobe et hostile aux migrants.

Une bronca retentit de toute part quand il remit sa démission au Prince à la fin de l'été pour se consacrer à sa future réélection à Lyon. Il pensait quitter ses fonctions au lendemain des européennes de mai 2019 pour mener sa campagne des municipales. Il parla de son projet à des gazetiers, alors l'opposition l'accusa de n'être plus qu'un ministre à mi-temps qu'il fallait remplacer sans tarder. Or, si cette démission fut présentée au Prince, celui-ci la refusa tout net. C'était un 18 septembre. Par là, le Prince lui renouvelait sa confiance, même si son entourage cherchait déjà un successeur au duc défectueux ; des noms circulèrent. M. Collomb resta cependant pour ne point nuire au Prince. Parlez-lui de son probable abandon à court terme, il jurait fidélité à Sa Majesté et préférait afficher son bilan inégalé, chantait ses prouesses effectives mais peu visibles qui se chiffraient en moyens et en effectifs. Cela n'arrêta pas les dénigrements mais, sachant l'Intérieur si bien tenu par un fidèle des fidèles, le Prince suivit son programme de visites et de voyages. Il s'envola tranquille jusqu'à la mer des Caraïbes afin de saluer nos départements tropicaux. Il se laissait aller à l'ombre des palmiers, sans doute trop confiant ou trop compassionnel lorsqu'il posa avec deux voyous antillais repentis, lesquels restèrent torse nu et souriants, mais firent un doigt d'honneur bien visible à la caméra, ce qui en choqua plus d'un en métropole. Voilà bien l'aspect évangélique de Notre Majesté, cet ultime souvenir de son collège jésuite : « Il y a plus de place au paradis pour un pécheur repentant que pour n'importe quel juste ! » Dès qu'il eut le dos tourné, les pécheurs en question reprirent leurs petits trafics. Quoi qu'il en fût, le Prince revint en France avec sérénité.

La sérénité ne dura guère.

Le 1er octobre, M. Collomb devait monter dans le vol de 18 h 50 pour Conakry afin de représenter le Prince en Guinée qui fêtait les soixante ans de son indépendance. M. Collomb resta à Paris, inquiet de la situation politique lyonnaise. Il devait au plus tôt récupérer le fauteuil de maire occupé par son premier adjoint. Il prévint le Prince de sa démission inéluctable et reçut dans la foulée des gazetiers du *Figaro* pour rendre cette décision sans appel.

M. Collomb en avait ras le front de passer pour une brute : non, il ne ressemblait pas à l'ignoble Fouché, il espérait simplement retrouver sa confortable ville d'élection pour s'y ancrer à nouveau, et puis il ne supportait plus de n'être qu'un subalterne, sous les ordres impérieux d'un Premier ministre qui ne le considérait pas, ou même du Prince, son ami pourtant, qui marquait son autorité par ses choix solitaires. Il n'avait qu'à obéir, qu'à répéter des phrases préparées par d'autres, à n'être qu'un perroquet mal plumé. Ne jamais rien décider l'insupportait. Eh bien, pour la première fois il tiendrait bon. Il partirait. Qu'importaient les retombées. Vivement son retour à Lyon.

Une nuée de gazetiers l'attendait sur le quai de la gare de Perrache. Quand il descendit de son wagon, il souriait, enfin détendu, montra du doigt le bleu du ciel au-dessus des verrières et prononça peu de mots : « Regardez ! Il fait toujours beau, à Lyon... » Puis il s'esquiva, guilleret, léger, rajeuni, vers la mairie où l'attendait son épouse Caroline, laquelle avait insisté pour qu'il démissionnât de son emploi de valet.

Le Prince avait déjà remplacé M. Hulot par un écologiste plus politique, c'était-à-dire plus malléable, il trouva vite un remplaçant pour M. Collomb en la personne du docile duc de Forcalquier, M. Castaner, un ancien professionnel du poker sorti du Parti social, rallié à sa cause avant le sacre et qui, lui, n'aurait pas à étaler en bougonnant ses états d'âme.

Cet automne, d'autres événements vinrent heureusement distraire les gazettes qui ne s'attardèrent point trop sur la démission du ministre. Dans l'Aude, il y eut de cruelles inondations qui permirent de publier quelques jolies images de catastrophe ; on délaissa M. Collomb le Lyonnais et on plaignit en abondance les victimes de l'eau déferlante. Peu après, il y eut aussi une perquisition au domicile du très insoumis baron de la Méluche ; celui-ci filma cette intrusion policière avant d'embarquer dans son sillage des gazetiers pour filmer une autre perquisition au siège de son parti où, en haut de l'escalier monté quatre à quatre et devant la porte close qui lui était interdite, le baron vociféra à en perdre ses nerfs. Montrant à la caméra son écharpe tricolore d'élu, il se mit à hurler : « Non ! Vous n'êtes pas ici les représentants du peuple ! Le peuple, c'est moi », et il frappa du poing sur son cœur, grandiloquent dans sa fureur, ce qui parut grotesque aux nombreux témoins de cette scène, et déconsidéra pour longtemps M. de la Méluche aux yeux du public : « Cet énervé prétendait au Trône ? Il n'aurait pas pu y demeurer assis ! »

Après ce ridicule intermède, un étrange assassinat indigna nos démocraties et porta hors de nos frontières l'intérêt, ménageant un nouveau répit au Prince. Le 2 octobre, un journaliste saoudien qui habitait à Istanbul, Jamal Khashoggi, se rendit au consulat de son pays : il allait épouser une jeune femme turque, Hatice Cengiz, et cherchait des papiers pour régulariser sa situation. Les images des caméras de surveillance nous le montrèrent comme il entrait dans le bâtiment. Il n'en ressortit pas et Mlle Cengiz l'attendit en vain. Il avait été séquestré par un commando fraîchement arrivé de Riyad.

Les services turcs avaient repéré ce commando de civils dès l'aéroport : ils en avaient même diffusé les images : on y voyait nettement une dizaine d'hommes, dont un médecin légiste identifié parmi les costauds envoyés par le tout-puissant Salmane, le prince héritier des Saoud, bien tourné de sa personne, un jeune homme moderne qui avait autorisé les femmes de son royaume rétrograde à conduire elles-mêmes leurs Rolls ; à la grande époque d'Hollywood il aurait fait un malheur à Beverly Hills, à l'égal d'Omar Sharif. On comprit mais trop tard qu'il était aussi féroce que le scorpion du désert. Il détestait ce Khashoggi, un ancien proche de sa famille et de ses secrets, réfugié aux États-Unis ; il écrivait même des billets critiques dans le *Washington Post* qui déplaisaient à Salmane. C'était un dissident. Il fallait donc l'éliminer. Le journaliste était déjà venu au consulat d'Istanbul, où on l'avait reçu fort aimablement en lui demandant de revenir chercher les papiers qu'il réclamait pour régler son futur mariage, car il fallait demander un certificat officiel à Riyad. Un rendez-vous fut pris pour le 2 octobre. M. Khashoggi arriva au matin de la date prévue, nullement inquiet. Cependant le commando avait aussi été prévenu, qui l'attendait.

Des images de Khashoggi entrant au consulat, il y en eut. Il n'en ressortit que découpé en morceaux, à la scie à os qu'avait maniée d'une main experte le médecin légiste ; son corps tronçonné ressortit du consulat dans les bagages des malfrats. Le meurtre de Khashoggi, après quelques remous, sombra dans l'indifférence de la politique internationale : les alliances économiques l'emportèrent comme toujours sur la justice.

Le monde était salement agité.

Pendant un court séjour à la ferme Saint-Siméon, à l'entrée d'Honfleur, Notre Prince en profita pour s'offrir un bain de foule dans les rues pavées du village, et il prononça une allocution dans une gazette locale pour comparer nos temps incertains, que le populisme menaçait, au climat malsain des années trente quand régnait la démagogie. Il exagérait un peu le trait puisqu'on ne saurait mélanger les époques sans inexactitude, même si un capitaine sans cervelle s'était emparé du grand Brésil… Ce qui guettait le Prince était néanmoins inédit et terrible. Qu'allait-il faire dans cette galère ?

Chapitre III

L'installation des gilets jaunes ou La résurrection de Jacquou le Croquant

« Quand le peuple est en mouvement, on ne comprend pas par où le calme peut y rentrer ; et quand il est paisible, on ne voit pas par où le calme peut en sortir. »

La Bruyère

Tout avait commencé par une maladresse venue des sommets, là où l'air se raréfiait et où le cerveau réclamait de l'oxygène pour être bien irrigué au long de ses circonvolutions. On eût dit en effet que le duc du Havre, Premier des ministres, manquait d'oxygène en dictant ses nouvelles mesures. Il tenait ferme à son maintien ; s'il portait une barbe courte c'était à cause d'un menton effacé et peu martial auquel il fallait redonner du lustre. Cela influait sur son comportement. Il s'était plongé dans les dossiers empilés sur son bureau de travail, avait agité des courbes, des graphiques, des statistiques, des chiffres alignés à foison auxquels, de par sa formation, il trouva une certaine éloquence. Il s'aperçut ainsi que les morts baissaient si on réduisait la vitesse des automobiles sur les routes départementales. Il voulut donc donner un coup d'arrêt à la délinquance routière et décida de réduire la vitesse autorisée à quatre-vingts kilomètres par heure. Le Prince était moins assuré que son chef du gouvernement, sans doute le duc de Lyon lui avait-il soufflé que pareille décision provoquerait l'ire des élus locaux, dessaisis de leurs décisions, et surtout de leurs administrés qui s'estimaient capables de décider par eux-mêmes des règles de prudence sans cet oukase parisien.

Le duc du Havre tenait ferme et le Prince dut le laisser aller à son aise ; celui-ci l'avait persuadé que la contrainte amènerait davantage de sécurité. Il avait néanmoins oublié que derrière les chiffres il y avait des hommes, et que ces hommes se sentaient grugés. Peu importaient ces sautes d'humeur ! M. Philippe restait sourd aux grognements des râleurs. On le rencontra dans un centre de réadaptation qui recueillait les blessés graves de la route afin qu'il pût y livrer ses chiffres : en une année il y avait déjà eu quatre-vingt-neuf morts de moins que l'année précédente, autant de vies sauvées ; si on contraignait encore la vitesse de dix petits kilomètres, cela ferait perdre bien peu de temps aux usagers que leurs métiers obligeaient à prendre chaque jour le volant. Ces chiffres, il les présenta comme historiques et sans ambiguïté, il était certain de suivre le bon chemin pour réduire l'hécatombe routière, puisque quiconque s'asseyait dans une automobile devenait un coupable par avance, voué à tuer ses semblables par imprudence.

Le conseil national de la Sécurité routière l'appuya, en suivant le modèle mathématique de MM. Nilsson et Elvik qui démontrait que baisser la vitesse entraînait une diminution du nombre des accidents. Les gens protestaient ? Depuis l'obligation du port de la ceinture de sécurité, on avait toujours connu des résistances, se répétait le duc du Havre. Cette incompréhension nouvelle allait toutefois provoquer de la colère, mais renoncer, ce serait renoncer à sauver des vies.

Nos provinces étaient mal desservies et les services publics n'étaient plus au service du public depuis belle lurette. Si on devait se déplacer, la voiture était obligatoire. Des petites lignes de chemin de fer avaient été supprimées parce que le nombre réduit de leurs voyageurs quotidiens ne suffisait pas à les rentabiliser. Les autocars n'étaient pas toujours à l'heure. Dans les villages, les commerces fermaient et il fallait se rendre au supermarché lointain pour y acheter une baguette de pain mou et surgelé, ou même des cigarettes. La plupart des automobilistes qui empruntaient les départementales pour aller travailler dans la ville la plus proche connaissaient à la perfection chaque virage où il fallait ralentir et ces lignes droites sans danger où l'on pouvait risquer une pointe de vitesse. Il savaient les passages protégés pour la sortie des écoles, et les endroits que traversaient les hérissons, ils n'avaient nul besoin des directives de technocrates loin des réalités du terrain, à Paris, et qui au pire prenaient le métro pour rentrer chez eux. *Parisien* se mit à rimer avec *patricien* pour que se crée une véritable fracture. Or, la grande Révolution avait aboli les privilèges, lesquels avaient la vie dure et renaissaient sous mille formes. Dans l'ancienne Rome, n'oublions pas que la plèbe mit des siècles avant de s'imposer au Sénat, mais la patience ne durerait pas des siècles. Et les anodines mesures de M. le duc du Havre servirent de détonateur, car s'y ajoutèrent des taxes sur l'essence. Elles pénalisaient les usagers de la route, lesquels ne roulaient pas pour leur plaisir mais par nécessité.

Alors de la plèbe en galère jaillit une trouvaille : le gilet jaune que chaque automobiliste devait posséder dans son véhicule devint un symbole de la colère et un drapeau dont les furieux s'emparèrent.

Quels étaient ces rebelles ?

Ni pauvres, ni riches mais négligés ils entendaient se venger en affichant leur mépris au mépris de ceux qui les gouvernaient, sans jamais tenir compte de leurs envies, de leurs souhaits, de leurs ennuis. Leurs frigidaires étaient souvent vides au dixième jour du mois mais ils avaient un téléphone portable sur lequel ils pouvaient se mobiliser ou se fixer des rendez-vous. C'étaient le plus souvent des travailleurs dans la dèche, petits patrons sans clients, secrétaires ou infirmières qui élevaient seules des enfants et manquaient de moyens. Grâce au téléphone ils se reconnurent et se rencontrèrent, mais pas au café du coin qui avait fermé, plutôt à proximité de leur petite ville, autour du rond-point vaguement fleuri et déplumé par l'hiver, où ils endossèrent des gilets jaunes comme les automobilistes en détresse au bord d'une autoroute, que les voitures rapides qui les frôlaient avaient repérés à cause de ce paletot fluorescent, lequel les rendait visibles.

Ils voulaient être visibles.

Ils avaient investi les ronds-points pour y protester contre leur condition en y campant. Des sympathisants leur amenaient des fruits, du café ou des saucisses qu'ils faisaient rôtir en allumant des cageots. Des voitures qui passaient jouaient du Klaxon pour les approuver. Il y eut un moment de solidarité franche, à peine un camion récalcitrant écrasa-t-il l'un d'eux. Dans l'air frais du mois de novembre on sentait un parfum de fête. Fête encore quand ils défilèrent à Paris, tout au long des Champs-Élysées, en braillant des slogans différents car personne ne les guidait ; ils refusaient les chefs, même sortis de leurs rangs. Comme à toute manifestation qui se respectait, il y eut dès les premiers samedis un peu de casse.

L'ordre des choses était respecté et on découvrit là aussi la rage destructrice des foules en désordre, comme nous l'avait naguère expliqué M. Elias Canetti dès les premières pages de son *Masse et puissance* : « La masse détruit de préférence maisons et objets. Comme il s'agit souvent de choses fragiles, comme vitres, glaces, vases, tableaux, vaisselle, on penche en outre à croire que c'est justement cette fragilité des objets qui incite la masse à la destruction. Or, il est sûrement vrai que le vacarme de la destruction, les bris de vaisselle, le fracas des vitres contribuent pour une bonne part à la joie qu'on y prend : ce sont les puissants vagissements d'une nouvelle créature, les cris d'un nouveau-né. La facilité qu'il y a à les provoquer ne fait qu'accroître leur charme, et tout le monde de mêler ses cris aux autres... »

On vit des courageux qui brisèrent les vitres des Abribus non sans mal, ou, ainsi que les croquants incendiant des châteaux, mirent le feu à des poubelles qui ne pouvaient pas se défendre. Nous étions à Paris, où siégeaient les puissants et les riches, pensaient sommairement les révoltés que de petites destructions suffisaient à exalter. Ces braves gens avaient peut-être entendu parler d'Étienne de La Boétie, ce jeune ami de Montaigne qui écrivit à propos du pouvoir : « Soyez résolus de ne servir plus, et vous voilà libres. Je ne veux pas que vous le poussiez ou l'ébranliez, mais seulement ne le soutenez plus, et vous le verrez, comme un grand colosse à qui on a dérobé sa base, de son poids même fondre en bas et se rompre. » Les manifestants, d'instinct, connaissaient la servitude et ce qu'elle comportait de volontaire. Ils cassaient parce que cela les soulageait et qu'en face d'eux la police chargée de les contenir était déjà débordée.

En France, nous connaissions déjà ce processus, quand la colère déborde. On vit d'abord ce mouvement sans forme ni chef comme une classique jacquerie conforme à celle qu'avait connue M. de La Boétie, lequel n'en parla jamais. C'était en 1548, la révolte des gabelles. Cela n'avait rien à voir avec le prix augmenté du diesel, mais avec l'augmentation de celui du sel. Cette colère diffuse dans le bas peuple éclata à La Rochelle. Une nouvelle taxe venait soudain d'apparaître. On protesta en bord de mer, puis les agriculteurs de la région s'engagèrent à leur tour dans la protestation. Des Charentes, la révolte fiscale gagna le Bordelais et devint sociale. Des milices paysannes se constituèrent sans qu'on pût désigner leurs chefs, alors on s'en prit aux riches et on assassina le releveur des gabelles. Les bourgeois de Bordeaux se sentaient menacés et ils en appelèrent au roi Henri II, qui guerroyait en Italie. Celui ci leur envoya dix mille hommes pour rétablir l'ordre qui avait jusque-là prévalu. À leur tête, M. de Montmorency sut mater les rebelles. Il y eut des morts dont personne ne se soucia. La comparaison avec notre aujourd'hui s'arrête à ce point. De nos jours, la vie a plus de prix, dit-on.

En octobre 2018 un appel au blocage national fut lancé sur ce qu'on appelait les réseaux sociaux et le 17 du même mois une vidéo largement diffusée se dressait contre la hausse des carburants, les péages et les radars de contrôle. Ce fut le 24 que sur les mêmes écrans furent polularisés les gilets jaunes comme signe de ralliement, et le 17 novembre on compta plus d'un million de manifestants dans tout le pays.

À cette occasion on s'aperçut que les cortèges au parcours déclaré en Préfecture, qu'encadraient les services d'ordre musclés des syndicats, n'avaient plus cours. C'était une horde plutôt qu'un cortège qui déferla au cœur des villes les plus importantes en vociférant sous les fenêtres des beaux quartiers où logeaient ces nantis qu'on détestait, des gens qui vous regardaient de haut et n'avaient aucun respect pour les citoyens ordinaires, pourtant si utiles dans leurs tâches subalternes. Le mot *respect* revenait souvent en ritournelle, comme dans ces publicités pour les shampooings colorants, qui *respectent* votre couleur, votre cuir chevelu et vos cheveux. Il y avait aussi de la jalousie chez ceux qui exhibèrent leurs gilets jaunes sur cette avenue des Champs-Élysées interdite qui symbolisait désormais un luxe auquel ils n'avaient pas droit.

Des chercheurs et des gazetiers s'interrogèrent sur l'âme des foules et ressortirent des anciens textes de M. Le Bon qui avait observé la psychologie de ces rassemblements. Une foule obéit à des principes simples : elle ne raisonne pas, elle agit. Or, les actes sont contagieux. Une foule n'est jamais la somme des éléments hétéroclites qui la composent. Elle possède une force propre qui réside dans ses mouvements, une force destructrice. Si elle possède une âme, celle-ci est à la fois transitoire et collective : pour constituer son unité il faut des excitants, des mots d'ordre qui se diffusent sur un ton spontané. Alors les sentiments s'exagèrent et une foule contrariée entre en fureur. Les foules sont irritables, impulsives et crédules.

Une foule développe des sentiments primaires sur lesquels le doute n'a aucune prise, mais que la multitude fortifie. Même les imbéciles se sentent forts. Le Bon observa ce phénomène, il montra que l'individu perdu dans une foule acquiert un sentiment de puissance invincible qui lui permet de céder à des instincts que seul il aurait su réfréner. Quelques années plus tôt, dans sa chanson *Foule sentimentale*, Alain Souchon dit en prélude aux gilets jaunes : « Il faut voir comme on nous parle, comme on nous parle… » Tout peut se greffer sur cette affirmation.

Des partis politiques d'opposition au Prince tentèrent de récupérer cette foule bouillonnante mais en vain. La horde informelle n'en voulait pas ; ils dérangeaient. Certains excités, dès le début, prirent le courant mais dans les marges et on vit d'autres manifestations dans cette foule ; l'extrême gauche y affronta l'extrême droite avec violence.

La foule effraya les ministres. Leurs services avaient dénombré près de trois cent mille protestataires à Paris le 17 novembre, mais ils se répartissaient sur douze cents points du territoire, rameutés par les réseaux sociaux. Et voilà leur faiblesse, comme celle des émeutes du Printemps arabe qui, rejetant toute hiérarchie, finit par s'éteindre en laissant la place à de nouvelles dictatures. Pour l'heure les ministres étaient au bord de la panique, et ils imaginaient déjà leurs têtes promenées au bout d'une pique puisque ces dangereux semblaient rejouer la Révolution française. Les ministres cherchaient des interlocuteurs mais ils ne trouvèrent aucun porte-parole. S'il y en eut ce ne fut que brièvement mais ils se firent rabrouer par ce mouvement sans forme. Ils reçurent même des menaces. Qui pouvait répondre de cette foule ?

Ce fut le samedi 1er décembre que tout bascula.

Le Prince était en Argentine où il participait à un sommet des chefs d'État les plus influents. Lorsqu'il sortit de son avion, à Buenos Aires, il eut un geste de recul : l'homme qui venait d'ouvrir la porte portait un gilet jaune. Cela devenait obsédant pour Notre Majesté qui associait jusque-là cette couleur à la tunique de Judas qui figurait sur les vitraux de Chartres. Il ne s'agissait pourtant que d'un employé de l'aéroport. À onze mille kilomètres de là, à Paris, on endossait différemment son gilet jaune. Un peu avant l'aube, à quatre heures et demie, les factionnaires en poste devant la grille des jardins du Château virent arriver comme des ombres les premiers manifestants. En peu de minutes ils en comptèrent sept cents. Les policiers n'avaient encore jamais vu ça. La foule enflait. Juste avant neuf heures du matin on nota les premiers heurts. Ils étaient maintenant cinq mille à jeter des pavés. La violence était montée d'un coup. Les manifestants refusèrent pour la plupart de se laisser fouiller avant d'accéder à l'avenue des Champs-Élysées qu'ils entendaient investir, et ils se massèrent près de la place de l'Étoile gardée par seulement deux compagnies des forces mobiles. Les principaux directeurs de la police restaient enfermés dans leurs salles de commandement. La situation se dégrada très vite et très tôt, et dès neuf heures du matin les canons à eau entrèrent en action près du rond-point pour éloigner cette foule du Château si proche. Les émeutiers levèrent des barricades autour de ce périmètre interdit, sur les avenues Mac-Mahon, Wagram, Hoche, Friedland…

Peu avant midi, comme ils étaient tenus à distance des avenues, les manifestants envahirent la place de l'Étoile et entourèrent la tombe du Soldat inconnu que protégeaient d'autres gilets jaunes. Cela n'empêcha pas les gribouillis sur les piles du monument, très divers, qui indiquèrent leurs auteurs, le sigle des gens de l'ultra-droite, puis ceux plus anarchistes des Black Blocs qui avaient infiltré le gros cortège pour s'y noyer et provoquer une police qui se contentait d'éviter tout contact afin que cette foule ne dégénérât point en meute.

Deux heures plus tard, rue du faubourg Saint-Honoré, des préfabriqués furent incendiés qui menaçaient les immeubles voisins. Puis une haute barricade flamba. Rue Saint-Florentin, un magasin se mit à brûler, puis un hôtel particulier, rue de Presbourg, fut gagné par les flammes. Il y eut près de deux cent quarante départs d'incendie que les pompiers devaient essayer de contrer. Des gilets jaunes se regroupaient avenue Kléber autour de voitures de luxe carbonisées. Des boutiques furent pillées, qui préludaient à d'autres samedis violents, des banques dévastées. Une habitante de l'avenue de la Grande-Armée a témoigné dans une gazette : « C'est la guerre en bas de chez moi, disait-elle en pleurant. Il y a de la fumée et des gaz partout ! Il fait noir, les fenêtres sont couvertes de cendres et de suie. Des types ont voulu forcer la porte cochère en hurlant : *on va casser du riche ! On va leur faire la peau !* Je suis avec mon fils de quatre ans, je lui ai mis son déguisement de *Star Wars* pour lui faire croire que c'est un jeu… »

Autour de l'Arc de Triomphe, des petits commandos masqués et entraînés se heurtaient sans cesse aux gardes mobiles qu'ils devinaient en silhouettes dans la fumée des lacrymogènes. Quelques bougres réussirent à fracasser l'une des portes en fer du monument à coups d'extincteur ; ils entrèrent, grimpèrent à l'étage dans une bousculade, jetèrent au sol un buste de Napoléon qui éclata, pillèrent les vitrines du musée, emportèrent des souvenirs et, ainsi qu'il était d'usage de nos jours, se photographièrent sur ce fond de saccage. On en entendit qui parlaient en allemand ou en italien.

Le monument vandalisé ne fut repris qu'à la tombée de la nuit. La plupart des Français excusaient ces débordements brutaux, parce qu'ils comprenaient la colère des gilets jaunes. Nul besoin d'être en nombre pour allumer un chaos. En 1792, par peur d'un complot des élites, on avait fourré en prison des milliers de simples suspects. L'ennemi prussien marchait à nos frontières et les passions populaires se déchaînaient. En septembre, le peuple tira les suspects de leurs cachots pour faire justice en les massacrant. Les tueurs étaient des braves gens, on sut leurs noms, il y avait l'aubergiste Bernier, et Bouvier le chapelier de la rue Sainte-Marguerite, et Delongeville, et Grapin le zélé, et le fruitier Rativeau, l'horloger Renaudin. Ces braves gens tuèrent sans relâche, du sang jusqu'aux coudes. L'un d'eux avait épinglé une oreille tranchée en guise de cocarde à son tricorme. Combien étaient-ils pour semer la terreur dans Paris ? À peine cent cinquante.

Les badauds laissaient agir les égorgeurs sans les désapprouver clairement ; les uns en avaient peur, les autres applaudissaient comme au spectacle et cela pouvait s'apparenter à ceux qui riaient, aujourd'hui, en voyant des costauds affublés de gilets jaunes qui caillassaient, sur les bords du Rhône, un véhicule de police rentrant dans son garage. Il n'y eut pas de morts et ce fut bien étonnant, même si au Puy-en-Velay, après avoir forcé la grille de la Préfecture, des activistes aux visages déformés par la haine incendièrent les bâtiments. Par chance, les fonctionnaires qui y habitaient ne furent point grillés.

Le Prince revint de toute urgence à Paris pour constater les dégâts. On dénombra neuf cents mètres cubes de déchets, de quoi remplir trente bennes. Les commerçants gémissaient de désespoir devant leurs boutiques cassées et pillées. Puis la fièvre gagna les lycées et deux cents établissements furent bloqués. Comment sortir de pareille situation ? Par la parole, pensait le Prince. Il pariait que la majorité des protestataires n'avaient aucun intérêt à la violence et il espérait les entraîner sur une voie plus raisonnable. On le vit alors courir les provinces pour y lancer des débats devant des publics choisis, mais non, je ne vais pas vous réciter la litanie des gilets jaunes. Retenez seulement que les troubles durèrent une année et que tous les samedis furent empoisonnés au cœur des villes, où les habitants se cachaient quand ils ne fuyaient pas, où les commerces ne pouvaient plus vivre.

Chapitre IV

Popaul et virginie

Lettre ouverte à mon amie la citoyenne Des Pentes

Ma chère Virginie, il y a peu de chances, ces temps-ci, que nous nous croisions à Barcelone sur le paseo Colon, ni même devant le délicieux riz à l'encre de *Siete Puertas*, cet antique restaurant sous les arcades en face de la Grande Poste. Je t'écris donc à l'occasion de cette onzième chronique. Il faut que tu saches. Je suis passé du statut de jeune con à celui de vieux con sans m'en apercevoir. La transition est imperceptible, tu verras plus tard. Désormais, à cause de l'âge qui me ronge, on me classe parmi les personnes fragiles, alors pas d'engueulade, tu risques de me briser.

J'ai lu tes récentes prises de position et j'en conviens : tu es dans le ton de l'époque, que dicte une colère facile et contagieuse. Avant que les enfants ne maîtrisent la parole, ils grognent, menacent, frappent sur tout ce qui leur tombe sous les mains. L'argumentation est assez primitive et tu te livres avec jubilation à la pratique du pamphlet, ce genre qui suppose, entre des formules élaborées, une sacrée dose de mauvaise foi étayée par des approximations. Ta cible est évidente, laquelle nourrit des polémiques incessantes : l'homme blanc, âgé de préférence, qui a commis par un concours de circonstances ce qu'on nommait autrefois des *erreurs de jeunesse*. Mais c'était dans l'ancien monde, puisque le nouveau puritanisme est autrement impitoyable. Tous les cris y sont des cris de guerre, tous les mots deviennent des mots d'ordre. Vas-y ! Tape sur Roman Polanski, il ne te rendra pas les coups.

Il faut que je remonte aux vieilles et insouciantes années soixante pour me souvenir d'avoir vu, au cinéma *Le Racine*, l'un des premiers courts métrages de l'infâme M. Polanski, *Quand les anges tombent*, qui m'avait semble déjanté, inventif, étrange, puis, peu après, son premier film polonais, *Le Couteau dans l'eau*, un huis clos sur la mer qui promettait par son savoir-faire une œuvre forte et biscornue. Il était déjà un cinéaste connu et reconnu quand, dans sa maison de *Cielo Drive*, son épouse Sharon Tate se fit assassiner par les voyous et les voyoutes de la secte du diabolique Charles Manson. Il a du mal à se remettre sur pied et accepte l'invitation de Jack Nicholson dans sa villa californienne. Nous sommes alors dans les très laxistes années soixante-dix qui prônent toutes les libérations. Comme il a accepté un reportage pour le magazine *Vogue*, il reçoit des starlettes pour les photographier avec son regard un peu biaisé d'homme de cinéma. Un jour, une mère lui amène sa fille, très jeune ; la petite rêve de succès, l'occasion lui paraît idéale. La suite est connue. Il y a plainte, procès, jugement, et M. Polanski se retrouve dans une prison américaine où il purge sa peine pour viol. Quand il ressort à l'air libre, il apprend que le juge, pour briller aux yeux de ses électeurs, a envie de se payer une vedette, l'un de ces messieurs d'Hollywood qui se croient protégés par leur célébrité, et qu'il veut reprendre son jugement pour l'aggraver. Se sentant menacé, M. Polanski s'échappe des États-unis et regagne la France. Pendant un demi-siècle il vit sous la menace d'une extradition. Depuis le temps, la victime a retiré sa plainte mais qu'importe : M. Polanski personnifie le violeur.

C'est là que tu interviens, Virginie.

L'infâme M. Polanski a l'outrecuidance d'accepter le prix de la meilleure mise en scène pour son dernier film consacré à l'affaire Dreyfus, et qui traite en long et en large de l'antisémitisme. Avec une brochette de tes sœurs tu t'indignes. Il y a des traces qui ne s'effacent pas. Violeur une fois, violeur toujours. C'est indélébile. Dans la salle partagée en émoi quelques-unes crient leur honte. Tu leur emboîtes le pas et inventes des slogans vengeurs, lesquels seront repris par les avides réseaux sociaux et feront le tour du monde : « C'est terminé, on se lève, on se casse, on gueule, on vous emmerde. »

Je n'arrive pas à te voir en victime, Virginie. M. Polanski aurait dû demander à la jeune fille abusée si elle y consentait ? Tu montes le son : « Ta gueule, tu la fermes, ton consentement tu te le carres dans ton cul, et tu souris quand tu me croises parce que je suis puissant, parce que j'ai toute la thune, parce que c'est moi le boss. » Tu venais de découvrir l'histoire binaire de l'humanité : il y a des pauvres et des riches et, pour tenir un équilibre difficile, les uns se révoltent contre les autres. Tu veux faire passer ce constat pour une découverte. Tu as choisi de camper chez les mal-barrés, pour les soulever contre ces élites qui se permettent tout. Tu y réussis. Ta réaction épidermique, en se multipliant, atteint sa cible. Tu as transformé tes idées en émotions. De rockeuse libertaire tu es devenue la madone des victimes.

Aujourd'hui il n'y a plus que des victimes.

Sans soupçonner qu'un jour tu serais assise en face de lui à la table de chez Drouant, après avoir été choisie par l'académie Goncourt, souviens-toi de ce que tu répondais à Bernard Pivot dans un *Apostrophes* de 1998 ; il t'interrogeait avec son habituelle rouerie sur le monde du rock, des partouzes et du sexe. Toi, tu lui répondais d'une voix calme, à peine perceptible : « Moi je veux le pouvoir maintenant, en tant que femme, et en tant que personne qui n'est pas née dans les beaux quartiers. Je veux une mixité du pouvoir, maintenant, sexuelle et sociale. »

Tu t'es toujours heurtée aux théories, Virginie, parce que tu crois très peu à la valeur des mots, que tu n'apprécies que pour leur rythme. Tu énumères à la Coluche la liste des rejetés que tu veux représenter : « J'écris de chez les moches, pour les moches, les vieilles, les camionneuses, les frigides, les mal-baisées, les imbaisables, les hystériques, les tarées, toutes les exclues du grand marché à la bonne meuf… »

Il y a quelques années, tu avais même sanctifié à ta manière ces salopiots de frères Kouachi, des islamistes à tête molle qui ont tué la rédaction de *Charlie Hebdo*, dont deux de mes amis, Cabu et Wolinski : « J'ai aimé ceux-là qui ont fait lever leurs victimes en leur demandant de décliner leur identité avant de viser au visage. Je les ai aimés dans leur maladresse quand je les ai vus armes à la main semer la terreur en hurlant "on a vengé le Prophète !" et ne pas trouver le ton juste pour le dire. »

On peut tuer si on trouve le ton juste, eh bien, Virginie, je trouve ça un peu juste…

Il y a des opprimés infréquentables.

Aujourd'hui, une étrange impression me saisit. Je t'ai déjà publiée il y a cinquante ans, Virginie, et presque mot à mot. Regarde ce numéro 4 d'*Actuel* publié en janvier 1971. Il a un titre qui ressemble à ton programme : *À bas la société mâle !* en lettres noires sur le visage d'une femme en pleurs qu'a dessinée Meysenbug. Après un long éditorial qui réclamait de l'air en fustigeant l'ordre moral qui renaissait alors, nous avions offert des pages et des pages au tout nouveau MLF, ce Front de Libération des Femmes qui revendiquait à voix forte le droit à l'avortement, lequel sera effectif trois années plus tard. Après cette longue leçon de féminisme, que nous approuvions, bien sûr, nous avions donné la parole au SCUM Manifesto de Valérie Solanas. Elle te ressemblait d'une façon troublante. Nous avons connu ton fantôme dans les turbulentes années soixante-dix.

Solanas portait toujours des vieux jeans, des chandails informes, une canadienne et une casquette en velours. Elle se fichait pas mal de son apparence. Seule comptait sa révolte sans failles. Elle détestait les hommes, comme toi, Virginie, voilà son credo qu'elle ruminait dans le hall de l'hôtel Chelsea, le repaire de l'underground new-yorkais. Naturellement elle fricote avec Andy Warhol, tourne dans son film *Moi un homme* où elle expose pour la première fois sa doctrine : la libération de la femme par l'extermination des hommes. Elle trouve Warhol insupportable et suffisant, dominateur en diable : il deviendra la première victime de la guérilla solitaire de Solanas. Un jour de juin 1968 elle tire trois coups de revolver sur l'artiste pop, le manque, même s'il passe trois mois à l'hôpital. Solanas va en prison puis dans un hôpital psychiatrique, mais elle est désormais célèbre et on publie son SCUM Manifesto, SCUM pour Society for Cutting Up Men, la société pour la couper aux hommes. Son mouvement n'eut aucune adhérente. Que disait Solanas ?

Que les hommes sont des larves malfaisantes, lamentable accident de la génétique qu'un massacre politique devra abolir. Le pouvoir des femmes est à nos portes. Le livre s'impose par la violence, un style, un délire logique. Il agresse tous ses lecteurs. Les hommes s'en sortent en ricanant, les femmes se troublent et réfléchissent. On a beau crier à la folie, à la débilité ou au phantasme, le message touche quand même juste. Les jeunes Américaines du Women Liberation Front se revendiquent de Valérie Solanas : « Ce livre a plus fait pour la cause que les publications de toutes les militantes. » Hurlement ou canular, le SCUM est un programme politique en forme de science-fiction, un appel aux armes.

Nous en avions publié six grandes pages où tu devrais te reconnaître, Virginie. Un exemple ? Le voici :

« Femelle incomplète, le mâle passe sa vie à tenter de se réaliser. Il s'y efforce en cherchant partout et toujours la compagnie de la femelle, en essayant de fraterniser avec elle et de se fondre en elle, en revendiquant pour lui ses qualités : force émotionnelle et indépendance, énergie, dynamisme, esprit de décision, sang-froid, objectivité, courage, intégrité, vitalité, intensité, profondeur de caractère, etc. Il projette sur les femmes ses propres traits : vanité, frivolité, trivialité, fragilité… » Et ce texte semble ne jamais devoir finir, désormais relayé par tes propres phrases, Virginie. On s'aperçoit ainsi que rien n'a changé, ou si lentement. Bref, pour toi je dois être détestable. Pense un peu à ce que je suis censé représenter, moi, homme et blanc de surcroît, né en banlieue mais à Neuilly, capable de remonter ses ancêtres jusqu'au seizième siècle, parce qu'auparavant les archives ont brûlé. Considère cette honteuse parenté. En ligne directe je remonte donc à Catherin Rambaud, lieutenant-criminel à Riveries en

1540, c'est-à-dire une espèce de commissaire de police qui ne devait pas tirer avec des balles en caoutchouc. S'ensuit une dynastie de Lyonnais, échevins ou commerçants, soit des notables de la pire engeance dont l'un d'eux fut même décoré de l'ordre du lys par le roi Louis XVIII… Tu vois, Virginie, dans quel pétrin je suis ? Je préfère m'en aller sur la route, appuyé sur ma canne, comme Charlot à la fin du film, mais en moins primesautier : avec sa canne souple il faisait des moulinets ; pour moi, simplement, elle m'empêche de m'écraser sur le macadam ; ce qui te ferait bien rire…

Épilogue éphémère

La cinquième plaie qu'eut à subir Notre Prince, ce fut l'épidémie planétaire. Il n'est pas encore temps d'en discourir. Le virus comme la vengeance est un plat qui se mange froid. Laissons retomber cette saleté qui a tordu le monde. Un peu de recul me paraît nécessaire pour éviter les cornichonneries d'usage, qui abondent.

Je n'évoquerai donc que la curiosité que j'ai spontanément développée lorsque tous les savants observateurs ont désigné le coupable, à la source du mal, ce pangolin dont je n'avais jamais entendu parler. Il sévissait en Chine, au marché de Wuhan, voisin de cage d'une chauve-souris infectée dont les déjections se propageaient avec les miasmes. C'était une tradition, d'acheter pour les manger des animaux vivants, sauvages de préférence. Microbes et maladies virales pouvaient aisément se propager chez les gourmands qui les achetaient pour leurs festins.

Mais quel goût pouvait avoir ce fautif pangolin ? Celui du veau ? du serpent ? du rat rondouillard ? L'animal, assoupi dans sa cage en attendant l'acheteur qui allait le cuisiner, semblait doux et inoffensif, ce qu'il était. Il se nourrissait dans la jungle toute proche de fourmis et de termites. Cette gentille bête était cependant malchanceuse : couverte d'écailles comme un samouraï à la parade, les braconniers le traquaient. Les écailles se revendaient aux pharmaciens chinois qui lui avaient inventé des vertus aphrodisiaques comme aux os de tigres. Et sa chair était dit-on savoureuse.

Quand le pangolin avait peur il se roulait en boule. Les chasseurs n'avaient qu'à se pencher pour le ramasser et le fourrer dans leur gibecière. Au marché, sa viande coûtait cher. Les chasseurs étaient nombreux à son chevet.

Comment le préparait-on ? Comment l'égorgeait-on ? Comment le cuisait-on ? On le mangeait grillé au feu de bois ou en ragoût ? J'ai cherché dans le dictionnaire de cuisine de M. Alexandre Dumas, fécond en recettes d'ours ou de panthère, mais il n'y figure pas. Confiné mais déconfit je dus me rabattre sur des recettes mieux tempérées. L'épidémie nous saisit à la saison des asperges, je vais vous signaler la sauce que je tourne pour les accompagner…

Montez une mayonnaise à la fourchette, bien ferme et moutardée. Ajoutez-y une cuillère du jus de cuisson des légumes puis épluchez dans le bol quantité de cerfeuil. C'est tout. C'est délicieux. C'est rapide.

Un jaune d'œuf, de l'huile, de la moutarde, du sel, du poivre : le tour est joué.

N'empêche que je meurs d'envie de déguster une cuisse de pangolin…

(à bientôt)

Table

REQUIEM POUR NOTRE IGNOBLE
ET CHER VIEUX MONDE 11

CHAPITRE PREMIER 29

Les dieux du stade. – Dernière exubérance de Notre Prince. – Féroces révélations d'une gazette du soir. – Retour au 1er mai. – Naissance d'une affaire empoisonnée. – Les aventures de M. Alexandre. – Son enfance, ses rêves et ses audaces. – Réactions excessives en chaîne. – Le Prince tient ferme dans la bourrasque.

CHAPITRE II 49

Un faux policier professionnel. – Le brassard fabriqué ? – Le Château protège M. Alexandre. – Une vidéo qui tombe à pic. – Perquisition manquée. – Fantômas dérobe un coffre-fort. – Brégançon mon amour. – La vacance de M. Hulot. – Les juges. – Leurs témoins. – Déplacement aux Antilles. – Le duc de Lyon rentre à Lyon.

CHAPITRE III 83

L'installation des gilets jaunes ou La résurrection de Jacquou le Croquant.

CHAPITRE IV 97

Popaul et Virginie, *Lettre ouverte à mon amie la citoyenne Des Pentes.*

ÉPILOGUE ÉPHÉMÈRE 105

Je veux manger du ragoût de pangolin.

DU MÊME AUTEUR *(suite)*

Avec Michel-Antoine Burnier

LES AVENTURES COMMUNAUTAIRES DE WAO-LE-LAID, Belfond, 1973.

LES COMPLOTS DE LA LIBERTÉ: 1832, Grasset, 1976 (Prix Alexandre-Dumas).

PARODIES, Balland, 1977.

1848, Grasset, 1977 (Prix Lamartine).

LE ROLAND BARTHES SANS PEINE, Balland, 1978.

LA FARCE DES CHOSES ET AUTRES PARODIES, Balland, 1982.

LE JOURNALISME SANS PEINE, Plon, 1997.

Avec Jean-Marie Stoerkel

FRONTIÈRE SUISSE, Orban, 1986.

Avec Bernard Haller

LE VISAGE PARLE, Balland, 1988.

FREGOLI, un spectacle de Jérôme Savary, *L'Avant-Scène Théâtre* n° 890, 1991.

Avec André Balland

ORAISONS FUNÈBRES DE DIGNITAIRES POLITIQUES QUI ONT FAIT LEUR TEMPS ET FEIGNENT DE L'IGNORER, Lattès, 1996.

Composition réalisée par Belle Page

Cet ouvrage a été imprimé par
CPI Firmin-Didot au Mesnil-sur-l'Estrée
pour le compte des Éditions Grasset
en septembre 2020

PAPIER À BASE DE
FIBRES CERTIFIÉES

Grasset s'engage pour
l'environnement en réduisant
l'empreinte carbone de ses livres.
Celle de cet exemplaire est de
000g éq. CO_2
Rendez-vous sur
www grasset-durable fr

N° d'édition : 21627 – N° d'impression : 159384
Dépôt légal : octobre 2020
Imprimé en France